Mehr Ausstrahlung durch
Körpersprache

Günther Rebel

Körper
&
Seele

**Überzeugend
auftreten**
—
**Mehr Erfolg
privat und
im Beruf**

Inhalt

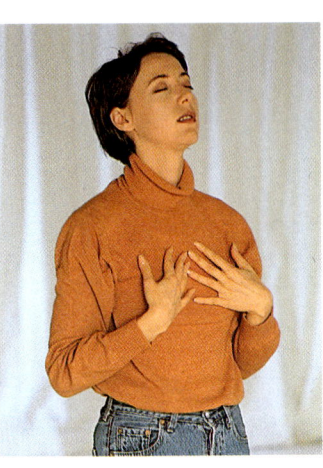

! **Dieses Buch wendet sich an Menschen, die ihre eigene Körpersprache lebendiger und erfolgreicher einsetzen möchten. Es hilft, grundlegende Körpersignale bei sich und anderen besser zu erkennen und einzuschätzen. Dennoch sind eine langjährige Erfahrung und viel Einfühlungsvermögen notwendig, um andere beurteilen zu können. Das Buch ersetzt keine Therapie bei schwerwiegenden seelischen und körperlichen Problemen.**

Inhalt

Die in diesem Buch vorge-
stellten Übungen und Tests
beruhen auf bekannten NLP-
Lernprogrammen und auf er-
probten Körperübungen, die
der Autor seit Jahren in seinen
Schulen und Kursen erfolgreich praktiziert. Finden Sie
als Leser die für Sie am besten
geeigneten Übungen, und
entscheiden Sie, inwieweit
diese für Sie nützlich sein
können. Im Zweifelsfall bera-
ten Sie sich mit Ihrem Arzt.

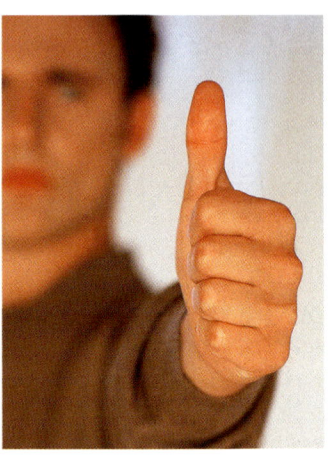

Ein Wort zuvor

Wie Sie auftreten, bevor Sie auch nur einen Satz gesagt haben, danach werden Sie beurteilt: Mit welchem Elan Sie auf jemanden zugehen, wie Sie sich setzen, mit welchem Tonfall Sie sprechen und wie Sie stehen legt innerhalb kürzester Zeit fest, ob Sie die Sympathie eines anderen Menschen gewinnen. Doch das sollten Sie nicht dem Schicksal überlassen, dafür können Sie einiges tun. Es lohnt sich, bei Ihrem Gegenüber sofort »gut anzukommen«. Denn der erste Eindruck legt den Grundstein für eine gelungene, harmonische Beziehung. Stimmt Ihre Körpersprache, dann stimmt auch Ihr Kontakt.

Je mehr Sie auf die eigene und auch auf die Körpersprache anderer achten, desto genauer wissen Sie anhand einiger Details in der Haltung und wichtiger Körpersignale, wann sich Ihr Gesprächspartner wohl fühlt, wann er das Interesse verliert oder sich innerlich zurückzieht. Sie erkennen sofort die Situation und können angemessen – sprachlich wie körpersprachlich – reagieren.

Mit dem reinen Erlernen von Gesten und Körperhaltungen ist es allerdings nicht getan. Erst wenn die Körpersprache mit dem eigenen Körpergefühl zusammenpaßt, wirkt sie lebendig und verhilft Ihnen zu mehr Ausstrahlung und Erfolg. Deshalb lernen Sie mit diesem Buch auch Übungen aus dem NLP (Neurolinguistisches Programmieren) kennen, mit denen Sie Ihre eigenen inneren Programme und damit sich selbst besser entdecken. Sie können sich auf Situationen vorbereiten, in denen Sie selbstbewußter, überzeugender und offener auftreten wollen. Zusammen mit Günther Rebel, dem Autor dieses praktischen Ratgebers, habe ich zahlreiche Seminare zur Körpersprache und zum persönlichen Auftreten durchgeführt. Und immer wieder stellte ich mit Erstaunen fest, wie eine trainierte Körpersprache die Persönlichkeit entfaltet. Egal aus welchen Bereichen die Teilnehmer kamen, alle traten danach sicherer, überzeugender und glaubwürdiger auf.

Josef Weiß, Dipl. Psychologe, A. P. U., Akademie für Personal- und Unternehmensentwicklung

Danke

an alle, die meine bisherige Arbeit wohlwollend und kritisch begleitet haben.

Insbesondere an alle Studierenden und Seminarteilnehmerinnen und -teilnehmer, die Trainerkollegin Dr. Verena Baldinger, die Dipl. Päd. Ursula Bach-Haub und die Kollegen Martin Hagen und Josef Weiß sowie an diejenigen, die mir bei der Realisation dieses Buches zur Seite standen: Petra Gausepohl, Renate Rittmeyer-Müller, Claudia Strand, David Rebel, Karin Laumann.

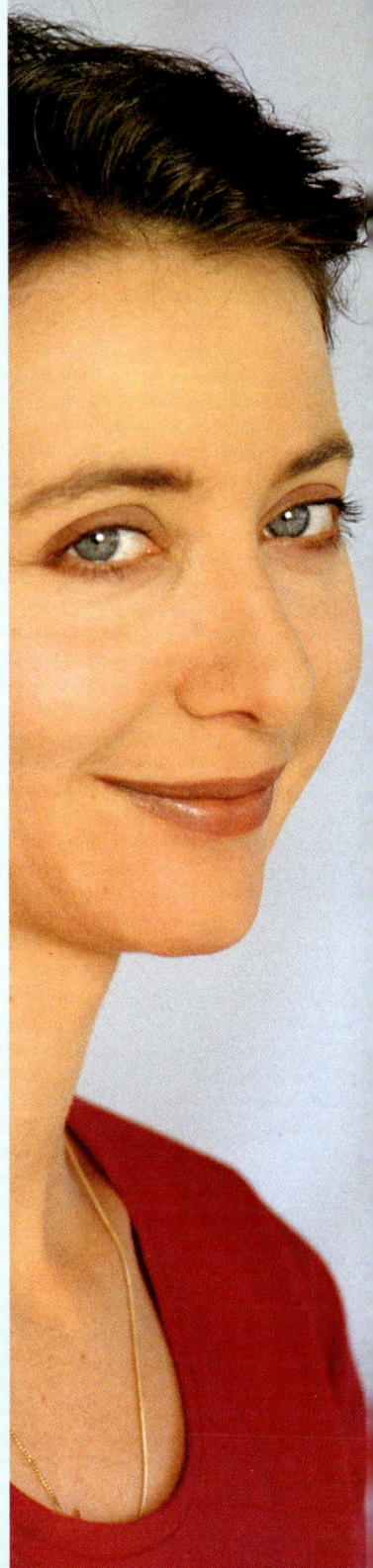

Körpersprache – Schlüssel zur Persönlichkeit

Achten Sie auf die spontane Sprache Ihres Körpers. Sie zeigt Ihre Gefühle ganz unmittelbar. Selbst wenn Sie viel sprechen, vermittelt Ihr Körper noch dreißigmal mehr Eindrücke und Botschaften über Sie als all Ihre Worte.

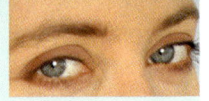

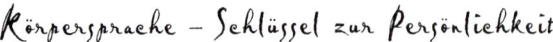

Körpersprache sagt mehr als viele Worte

Sie können gar nicht anders, als sich beständig mit jemandem auszutauschen, mit ihm zu kommunizieren – wenn nicht mit einem anderen, dann mit sich selbst. Sie teilen sich anderen Menschen mit, und das auch, wenn Sie kein Wort sagen: über Ihre Gestik, Ihre Mimik, Ihre Haltung, Ihre Art, sich zu bewegen. Ihr Körper drückt sich in vielfältiger Weise aus. Er hat seine eigene Sprache, über die er sehr deutlich mitteilt, welche Persönlichkeit Sie sind und wie es Ihnen gerade geht.

Wer sich selbst und andere besser versteht, hat bessere Kontakte, mehr privaten und beruflichen Erfolg und eine bessere Gesundheit.

Klare Botschaften – ohne Worte

Bewußt und gleichzeitig unbewußt senden Sie unentwegt Botschaften aus. Noch bevor Sie morgens in der Lage sind, den ersten klaren Gedanken zu fassen, sagt Ihnen Ihr Körper, ob es Ihnen gutgeht oder ob Sie »mit dem linken Fuß« aufgestanden sind. Ihre Bewegungen sind dann langsam und unsicher, Ihr Blick ist verhangen, Sie sitzen verschlafen am Frühstückstisch und blicken an den anderen vorbei. Ihr abgewandter Blick und Ihre leicht zusammengesunkene Haltung sagen: »Laßt mich in Ruhe! Ich bin noch nicht ansprechbar.« Erst wenn Sie sich wieder gut und fit fühlen, können Sie sich aufrichten und Ihrem Gegenüber offen in die Augen sehen.

Der Körper reagiert sofort

Sie kennen auch die Bedeutung »des ersten Eindrucks« und »der Liebe auf den ersten Blick«. Ihr Unterbewußtsein sammelt blitzschnelle Sinneseindrücke, wertet sie aus und veranlaßt Sie zu einer Körperreaktion, noch bevor die Antwort gedanklich formuliert, geschweige denn ausgesprochen ist. Diese Menge der »Datenverabeitung« verspüren Sie in Form von Herzklopfen, Hitzewallung oder Abneigungsgefühlen. Was Sie als Reaktionen wahrnehmen, ist jedoch nur ein kleiner Teil dessen, was innerlich abläuft. Auch wenn Sie

8

**Körpersprache läuft – ob Sie wollen oder nicht – ständig ab.
Sie können nicht nicht körpersprachlich kommunizieren.**

»So wie einer ist,
so bewegt er sich.
So wie einer sich bewegt,
so ist er.«
**Frederik J.J. Buytendijk,
1887-1947,
niederländischer Philosoph**

nicht sofort aussprechen wollen, was Sie bei einer ersten Begegnung empfinden, so teilen Sie sich doch anderen mit, ohne es selbst steuern zu können: ein Leuchten in den Augen, geöffnete Hände, ein kaum wahrnehmbares Lächeln, die verräterische Röte auf den Wangen, nur mühsam verborgene Nervosität zeigen Ihre Sympathie oder Ihre erregten Gefühle. Die plötzlich erstarrten Gesichtszüge, die fest aufeinandergepreßten Lippen, das »aufgesetzte« Lächeln oder ein fast unmerkliches Zurückweichen verraten Ihre spontane Abneigung.

Jeder hat seine eigene Körpersprache

Ein aufmerksamer Beobachter wird Ihre äußeren Körperreaktionen bemerken und ebenfalls spontan darauf reagieren. Viele Menschen sehen jedoch an ihren Mitmenschen vorbei. Sie scheuen den offenen Umgang mit sich und anderen. Dabei kann es Ihnen nicht nur in Ihrem Privatleben, sondern auch im Beruf helfen, ein Gespür für die eigene und die Körpersprache der anderen zu entwickeln. Die Sprache des Körpers ist direkter Ausdruck der Persönlichkeit eines Menschen. Jeder Mensch hat eine einmalige, unverwechsel-

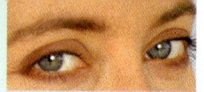

bare Persönlichkeit und damit auch seine ganz eigene Körpersprache. Einige körpersprachliche Zeichen sind allgemein verständlich (Seite 12), andere können Sie erst verstehen, wenn Sie mehr über Ihr Gegenüber wissen.

Angeboren, anerzogen, erlernt

Beobachten Sie einmal in der Mittagspause Ihre Kollegen beim Essen, Trinken, Rauchen, beim Reden oder Zuhören. Ihnen wird sich eine Welt der Gesten und der Mimik auftun. Manche dieser Gesten sind angeboren, wie der Saugreflex. Andere sind anerzogen und daher auch oft je nach Geschlecht unterschiedlich: Männer werden Sie beispielsweise weitaus seltener mit offen nach vorne zeigenden Handinnenflächen sehen als Frauen. Bei Frauen wirkt das elegant, bei Männern empfinden das viele als zu feminin. Vielleicht beobachten Sie auch einen Kollegen, der immer stocksteif geradesitzt und sich nie mit rundem Rücken und auf die Ellbogen gestützt über den Tisch lehnt. Vermutlich mußte er als Kind häufiger hören: »Setz dich gerade hin!«

Körpersprache ist abhängig vom jeweiligen Menschentyp, vom Temperament und vom Alter. Alle drei Anhaltspunkte werden jedoch immer sehr subjektiv erlebt. Speziell in puncto »Alter« reagieren viele sehr sensibel. Je nach Tagesform fühlen Sie sich mal älter oder jünger, als Sie sind, und bewegen sich entsprechend.

Innere und äußere Haltung

Viele Menschen haben sich auch eine bestimmte Haltung oder Gestik antrainiert, weil sie überlegener, vornehmer oder unbefangener wirken wollen, als sie eigentlich sind. Doch oft stimmt dann die Art, wie sie ihre Hände halten, nicht mit ihrer Fußhaltung oder dem unsicheren Blick in ihren Augen überein (Seite 80/81).

Die Zeichen der Körpersprache

Körper, Sinne und Seele sind immer in Bewegung. Bewegung bedeutet Leben, innerhalb und außerhalb des Körpers. Der Körper spricht zu Ihnen – und Sie sprechen durch ihn zu anderen –, indem er sich bewegt (Motorik), seine Sinne Sie leiten (Sensomotorik) oder die Seele in Bewegung gerät (Psychomotorik).

Die Motorik

Unter Motorik versteht man in erster Linie alle aktiv durchgeführten Muskelbewegungen. Die Motorik eines Menschen, seine Art, sich zu bewegen, ist Ausdruck seiner Persönlichkeit. Dazu zählen Haltung, Gestik, Mimik, Fortbewegung, Drehung, Sprung – alles Bewegungen, die er einsetzt, um zu schützen, abzuwehren, zu ernähren, zu reinigen, Zuneigung zu äußern, zu gestalten oder zu zerstören.

Die Sensomotorik

Ihr Körper spricht auch über die Sinnesorgane zu Ihnen. Innerlich fühlen Sie Hunger und Durst, Sie fühlen sich wohl oder nicht gut. Nach außen setzen Sie den Tastsinn ein, streicheln, schlagen, kratzen oder reagieren auf Berührung. Sie können andere gut oder nicht riechen. Manchmal stellen Sie sich taub oder spitzen die Ohren. Und alles nehmen Sie mit Ihrem inneren und äußeren Auge wahr. Sie lassen sich von Ihren Sinneseindrücken leiten.

Die Psychomotorik

Gefühle werden in bestimmten Formen mitgeteilt, die innerhalb einer Gesellschaft Allgemeingültigkeit haben. Es gibt fünf Grundgefühle, die sich unabhängig vom kulturellen Einfluß auf der ganzen Welt gleich äußern: Freude, Trauer, Wut, Angst und Liebe. Andere Gefühle werden regional unterschiedlich zum Ausdruck gebracht, dazu gehören Überraschung, Ekel, Scham. Die deutlichste Sprache spricht dabei das Gesicht, und an den Augen erkennt man am besten, wie es wirklich um den anderen steht. So zeigt jemand seine Freude in lachenden Augen, den Lachfältchen um Augen und Mund. Sein Mund ist geöffnet, er läßt dabei die Zähne sehen, die Mundwinkel zeigen nach oben. Wer trauert, zieht die Brauen zusammen und deren Innenseiten nach oben. Die Lippen sind geöffnet und dehnen sich nach außen, oder sie sind geschlossen. Dann zeigen die Mundwinkel nach unten.
Wer die Brauen zusammen und gleichzeitig nach unten zieht, die Stirn in waagrechte Falten legt, die Augen zu Schlitzen verengt, indem er die oberen Lider nach unten zieht, die Lippen aufeinanderpreßt oder zu einem Viereck öffnet, der ist wütend oder sehr verärgert. Weit geöffnete Augen, nach oben und zusammengezogene Brauen und ein nach hinten gedehnter Mund verraten Angst.

Ihre Mimik können Sie gut einstudieren. Ein Lächeln soll den anderen zeigen, daß Sie fröhlich sind, doch ein Blick in Ihre Augen genügt, und der andere erkennt die hinter dem Lächeln verborgene Traurigkeit. Und Ihrer Selbstbeherrschung entwinden sich auch meist Ihre Beine. Wenn Gesicht und Arme Offenheit zeigen wollen, verraten die verschlungenen Beine, daß Sie gar nicht so entspannt sind.

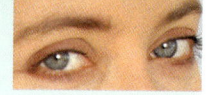

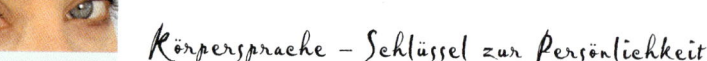

Die internationale Sprache des Gesichts

Wissenschaftler der Forschungsstelle für Humanethnologie der Max-Planck-Gesellschaft stellten fest, daß bestimmte mimische Ausdrucksformen tief in der Entwicklungsgeschichte des Menschen verwurzelt sind. So wird zum Beispiel in allen Kulturen die Nase gerümpft oder auch mit den Augen gegrüßt. Das Naserümpfen bedeutet milde Ablehnung, die verstärkt wird, wenn man zusätzlich den Mund öffnet und die Oberlippe anhebt. Diese »Brechmimik« gilt in allen Kulturen als heftige Zurückweisung und schwere Beleidigung. Auch Filme von taubblind geborenen Kindern haben gezeigt, daß bestimmte mimische Zeichen, wie Lachen, Weinen, Wütendsein, nicht erst in der Erziehung erworben, sondern von Geburt an beherrscht werden.

Obwohl es kein Wörterbuch und keine Grammatik der Körpersprache gibt, wird dieser ausgeklügelte und heimliche »Komplex«, wie der Verhaltensforscher Edward Sapir 1949 sie nannte, von jedem verstanden. Meist geschieht die Verständigung über die Körpersprache jedoch unbewußt. Sie reagieren gefühlsmäßig auf die körpersprachlichen Zeichen des anderen.

Den Blick nach unten oder die Hand an den Mund: Scheu drückt sich in Kenia genauso aus wie in Mitteleuropa.

Kommunikation ohne Worte

Kommunikation (von lateinisch communis = gemeinsam) bedeutet Austausch von Information und Verständigung. Durch Kommunikation erlebt der Mensch sich selbst und andere. Er kommuniziert, um auf andere zu wirken, um bestätigt zu werden und um etwas Bestimmtes zu erreichen. Ohne Kommunikation ist kein Leben möglich.

Um die Existenz einer Ursprache herauszufinden, ließ Kaiser Friedrich II. Säuglinge von Ammen lediglich versorgen. Sie wurden gestillt, gewaschen, gekleidet, aber niemand sprach mit ihnen und schenkte ihnen auch keine weitere körperliche Zuwendung. Die Kinder starben nach kurzer Zeit – ohne Kommunikation waren sie lebensunfähig, obwohl man sie gefüttert und saubergehalten hatte.

Wir reden mehr mit dem Körper

Die meisten Menschen überschätzen den sprachlichen Anteil bei der gegenseitigen Verständigung. So denken viele – wie spontane Befragungen ergaben –, daß zu 70 Prozent auf der sprachlichen Ebene miteinander kommuniziert wird und nur zu 30 Prozent auf nichtsprachlicher Ebene. Solche Einschätzungen sind ein Spiegel der bewußten Wahrnehmung. In Wirklichkeit macht das, was gesagt wird, nur drei Prozent der menschlichen Kommunikation aus, wie die Graphik auf der nächsten Seite zeigt.

Die nonverbale Kommunikation spielt sich auf der sogenannten Beziehungsebene ab. Auf der Beziehungsebene teilen wir unsere Gefühle mit. Hier senden wir den ganz überwiegenden Teil unserer Botschaften aus: 97 Prozent der Kommunikation läuft ohne Worte ab. Nur drei Prozent der Information wird mit Worten (verbal) vermittelt; diese verbale Kommunikation findet auf der sogenannten Sachebene statt. Auf der Sachebene teilt sich der Verstand mit. Beziehungs- und Sachebene beeinflussen sich ständig wechselseitig. Wenn wir kein gutes Gefühl haben (Beziehungsebene), werden auch die besten Argumente (Sachebene)

»Die nonverbalen Zeichen sind viermal so effektiv wie die verbalen.«
Roger Muccielli, Kommunikationswissenschaftler

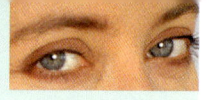

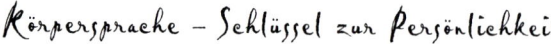

97%

3%

Von allen Informationen, die ein Gesprächspartner aufnimmt, macht das gesprochene Wort nur drei Prozent aus.

Über die Sprach- und Sachebene wird oft versucht, negative Gefühle auszuklammern. Mit einem Satz wie »Laß uns das mal rein sachlich klären und sehen ...« lassen sich Beziehungsstörungen jedoch nicht klären. Das geht nur, wenn beide Beteiligten sich auch auf der Beziehungsebene verständigen.

nicht überzeugen, etwas zu kaufen oder einer Sache zuzustimmen. Denn viel wichtiger als das, was gesagt wird, ist, wie es gesagt wird. Der Tonfall, in dem eine Bitte vorgetragen wird, das Lächeln, das sie begleitet, oder der unsicher abgewandte Blick – sie beeinflussen denjenigen, an den die Bitte herangetragen wird, mehr als die einzelnen Worte. Der Erfolg einer Verhandlung, eines Verkaufsgesprächs hängt nicht nur von sachlich überzeugenden Argumenten ab, sondern auch von der Art und Weise, wie sich beide Geschäftspartner nonverbal mitteilen. Ihre Haltung kann Offenheit, Sicherheit vermitteln und Vertrauen erwecken oder Verschlossenheit, Unaufrichtigkeit signalisieren. Im Idealfall verstehen sich die Gesprächspartner nicht nur auf der Sachebene; sie verstehen nicht nur den Inhalt dessen, was einer dem anderen sagt, sondern auch, was er ihm nichtsprachlich vermittelt. Sie sprechen dann wirklich eine Sprache und können Entscheidungen so treffen, daß diese beiden Partnern gerecht werden.

Der hohe Anteil nichtsprachlicher Zeichen am Kommunikationsverlauf prägt alle Entscheidungen, und das unbewußt. Jede Kommunikation wäre tot, wenn sie nur auf der Sachebene, ohne die Beziehungsebene, stattfinden würde. Über die Beziehungsebene können Sie lernen, nicht nur sich selbst, sondern auch andere besser zu verstehen.

Die Grundelemente der Kommunikation

Eine alltägliche Frühstücksszene: Die Frau möchte die Butter, die vor ihrem Mann auf dem Tisch steht. Sie sagt: »Gib mir bitte die Butter«. Er gibt sie ihr wortlos herüber. In dieser kleinen Szene sind die Grundelemente der Kommunikation enthalten. Jemand beginnt ein Gespräch, indem er einen Reiz sendet, auf den der andere reagiert.

Wenn Sie also meinen, Sie könnten alles ganz »sachlich« regeln, sind Sie im Irrtum. Die Sprach- und Sachebene ist nur das Hilfsmittel. Die wirkliche Verständigung spielt sich auf der Beziehungsebene ab, über die Sie Ihre Gefühle mitteilen und sich und andere beeinflussen.

Grundelemente der Kommunikation

- **Absender:** Wer sagt (zum Beispiel eine Frau beim Frühstück)
- **Inhalt:** Was (»Gib mir bitte die Butter«)
- **Medium:** Wie (über welchen Kanal: Worte, Stimme, Gestik, Mimik)
- **Adressat:** Zu wem — mit welcher Wirkung (Mann — gibt die Butter)

Die Art und Weise, wie die Bitte vorgetragen wird, und die Art, wie der andere darauf reagiert, beeinflussen den weiteren Verlauf des Gesprächs und die Form, in der die Gesprächspartner miteinander umgehen.

Übung: Spielen Sie auf Ihrer Beziehungsebene

Testen Sie selbst Ihre Fähigkeit, verschiedene Rollen zu spielen, und finden Sie heraus, welche Rolle Ihnen gut und welche Ihnen weniger gut entspricht:

- Setzen Sie sich an einen Tisch, und sagen Sie mehrmals den Satz: »Gib mir bitte die Butter!« Wechseln Sie dabei
- die Haltung: mit geradem Rücken, mit senkrecht aufgestellten oder übereinandergeschlagenen Beinen, mit krummem Rücken und zusammengesunkenen Schultern, die Hände mal unter, mal auf dem Tisch, oder lässig zurückgelehnt mit ausgestreckten Beinen;

!

Sich auf der Beziehungsebene verständigen bedeutet, sich selbst und den anderen annehmen:
- **Ich habe Bedürfnisse, Wünsche, Ängste.**
- **Ich möchte dich daran teilhaben lassen**
- **und in gleicher Weise die deinen kennenlernen.**

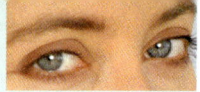

● die Stimme: laut, leise, zögernd, fordernd, mit klagendem Unterton, bittend, ungeduldig, gleichgültig – gerade die Stimme verrät, auf welcher Bewußtseinsebene Sie kommunizieren (siehe Seite 18);

● die Gestik: Unterstreichen Sie Ihre Worte mit lebhaften Händen, bewegen Sie den Kopf nach vorne, zur Seite, oder halten Sie Kopf und Hände ruhig;

● die Mimik: lächeln, ernst blicken, Augenbrauen zusammenziehen, hochziehen, den Partner direkt anblicken, an ihm vorbeiblicken, die Lippen kaum bewegen, verächtlich nach unten ziehen.

Es gibt viele Möglichkeiten, diesen einen gesprochenen Satz »Gib mir bitte die Butter!« körpersprachlich zu begleiten. Sie können die Übung fortführen und auch das Herüberreichen der Butter mit unterschiedlicher Gestik und Mimik durchführen, ohne dabei ein Wort zu sagen. Sie werden erleben, wie leicht es fällt, allein durch eine kleine Verzögerung oder durch eine zu schnelle Handbewegung, durch ein leichtes Zittern in der Hand oder ein Stirnrunzeln ohne jedes Wort auszudrücken, daß Sie die Butter gerne oder widerwillig herüberreichen.

Dies kleine Beispiel aus dem Alltag soll Ihnen nur zeigen, wie oft jeder seine Körpersprache anwendet und sich – ganz ohne Worte – unmißverständlich verständlich macht.

»Jeder Versuch, sich mitzuteilen, kann nur mit dem Wohlwollen anderer gelingen.«
Max Frisch, 1911 – 1991,
Schweizer Schriftsteller

Erkennen Sie die Beziehungsebene

Auch Bilder und Szenen, die Sie im Alltag beobachten, verraten Ihnen viel über die Beziehung, die die Personen, die Sie beobachten, zueinander haben. Sie müssen dazu noch nicht wissen, was die verschiedenen körpersprachlichen Ausdrucksformen bedeuten könnten. Es genügt, ganz unvoreingenommen hinzusehen und zufällige Szenen auf sich wirken zu lassen: Beobachten Sie zum Beispiel in einem Restaurant oder im Zug Einzelpersonen, Paare, Gruppen. Sie werden sehr bald einen Eindruck davon gewinnen, in welcher Beziehung diese Personen im Moment zu sich selbst oder zu ihren Begleitern stehen, welche Emotionen mitschwingen. Wer fühlt sich unwohl, wer genießt, wer verliert das Interesse, und wer sucht den engeren Kontakt?

Laßt nicht nur Blumen sprechen! Viel zu sagen braucht der Rosenkavalier auf dem Foto nicht: Sein Lachen und seine Handbewegung nach vorne drücken deutlich Offenheit und Sympathie aus, aber sein ganzer Körper ist wie ein Fragezeichen geformt, die Schulter ist leicht nach hinten gedreht, und die Füße stehen wie zum Sprung bereit. Er läßt sich und seinem Gegenüber Spielraum und die Freiheit, ehrlich zu antworten.

Vom geneigten Kopf bis zur Fußhaltung drückt der Körper Offenheit, aber auch Vorsicht aus.

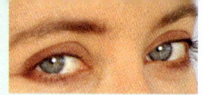

Übung: Die drei Bewußtseinsebenen

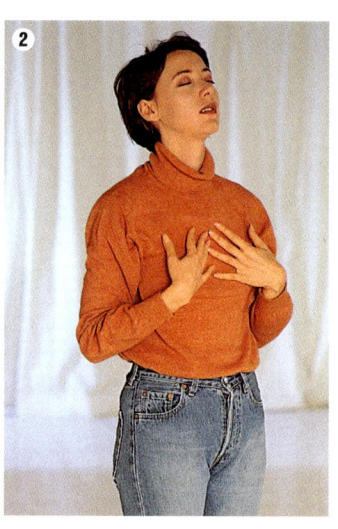

Kommunikation bewegt sich auf drei grundlegenden Bewußtseinsebenen. Ihre Körperhaltung zeigt Ihnen, wo Sie am stärksten empfinden. Achten Sie bei dieser Übung darauf, wie Ihre Stimme klingt, wie Sie stehen und wo Ihre Hände sind. Spüren Sie nach, wo Sie Ihr Selbstbewußtsein am stärksten körperlich wahrnehmen können.

Stellen Sie sich hin und sprechen Sie laut: »Ich bin eine selbstbewußte Person!« Sagen Sie den Satz noch dreimal, und halten Sie Ihre Hände bewußt in den abgebildeten Körperhöhen, die jeweils einer Bewußtseinsebene entsprechen. In welcher Haltung fühlen Sie sich am wohlsten?

❶ Sind die Hände näher beim Kopf, wird Ihr Selbstbewußtsein stärker vom Bewußtsein gesteuert. Die Ziele sind Macht, Expansion und das Streben nach Einflußnahme.

❷ Die Hände befinden sich in Brusthöhe: Sagen Sie den Satz auch im überzeugten Brustton? Auf dieser Ebene wollen Sie wirken, um die eigene Existenz

zu beweisen und die Grundbedürfnisse (Nahrung, Wohnung, Kontakte) zu befriedigen.

❸ Hängen Ihre Hände locker unter der Taille, fühlen Sie den Satz so ganz »aus dem Bauch heraus«? Hier befinden sich die Ziele des elementaren Seins: Abwehr von Gefahren, Sicherung und Weitergabe von Leben, Sexualität. Hängen Ihre Hände ganz nach unten, haben Sie momentan wenig Energie und innere Sicherheit.

Wer ganzheitlich lebt, vereint alle drei Ebenen: Kopf (Bewußtsein), Brust, Arme und Beine (Selbstbewußtsein) und Bauch (elementares Sein).

Übung: Körpersprache wahrnehmen

Spielen Sie mit Ihrem Partner, unter Freunden oder im Bekanntenkreis folgendes kleine Pantomimenspiel, das gleichzeitig eine hervorragende Übung ist, um mehr auf die Körpersprache zu achten:

Mit Gestik, Mimik und Körperhaltung ahmen Sie eine bekannte Person nach. Das kann ein Staatsmann sein, ein Schauspieler, aber auch eine der anwesenden Personen. Sie werden schnell merken, welche Körpersignale Ihnen besonders gut in Erinnerung sind und was Sie weniger beachtet haben und nun nicht nachahmen können. An der Haltung und der Gangart, an der Lippenstellung oder dem Augenaufschlag erkennt man typische Wesenszüge. Interessant wird es, wenn Sie auch noch Bewegungen behalten, die der andere immer wieder unbewußt macht (zum Beispiel ständig an die Brille fassen, am Ohrläppchen zupfen).

Ausdruck der ganzen Persönlichkeit

Sie teilen sich anderen jedoch nicht nur in Haltung, Gestik und Mimik mit. Nonverbale Kommunikation umfaßt alles, was Sie ohne Worte sagen, und ist damit Ausdruck Ihrer ganzen Persönlichkeit. Sie ist auch ...

Lautsprache

Klänge und Geräusche wie der Klang der Stimme, Husten, Schlürfen, Pfeifen, Klatschen und ähnliches. Mit allen Geräuschen, die man bewußt oder unbewußt hervorbringt, teilt man Gefühle oder Absichten mit.

Raum-, Zeit-, Energiesprache

Sie suchen zum Beispiel Freiraum, grenzen sich ab, nutzen oder vertrödeln die Zeit, haben schöpferische Energie oder Streß, fühlen sich ausgelaugt.

Objekt- und Bildsprache

Dazu gehören Schmuck, Kleidung, Möbel, Statussymbole, aber auch Schminke und Tätowierungen oder graphische Zeichen wie die Verkehrszeichen.

Nonverbal teilen Sie sich nicht nur durch äußerliche, unmittelbar an Ihrem Körper sicht- und hörbare Ausdrucksfor-

Politiker und Führungspersönlichkeiten trainieren ihre Körpersprache oft sehr bewußt. Zu viele und zu unruhige Gesten und ein zu bewegtes Mienenspiel würden Zweifel an ihrer Kompetenz hervorrufen. Bleiben sie dagegen zu ruhig und unbeweglich, traut man ihnen keine Durchsetzungskraft zu.

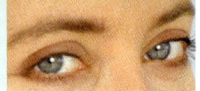

men mit. Ihr Körper spricht auch innerlich zu Ihnen über Ihre Organe und Ihr Nervensystem zum Beispiel. Sie können mit anderen darüber hinaus mit bestimmten Signalen indirekt kommunizieren, auch wenn Sie sie nicht sehen, zum Beispiel durch Morsezeichen oder über Bilder.

Lautsprache verrät die Empfindungen

Die Lautsprache steht der Sprache am nächsten. Im Körper vernehmen Sie die organischen Geräusche wie zum Beispiel das Klopfen Ihres Herzens (ich bin ruhig oder aufgeregt), das Knurren des Magens (ich habe Hunger) und ein Husten (ich habe eine Erkältung).

Äußerlich hörbar gefallen oder stören die von Ihnen selbst oder von anderen gestalteten Geräusche wie die Lautstärke beim Sprechen, das Summen einer Melodie, das Applaudieren. Über Lautstärke, Tonlage der Stimme und bestimmte Geräusche verleihen Sie bewußt oder unbewußt Ihren Empfindungen Ausdruck.

Mit Signalen können Sie auch über Entfernungen Botschaften vermitteln: Sie wollen etwas Bestimmtes ausdrücken mit der Musik, die Sie jemandem schenken; Sie vereinbaren Klopfzeichen oder lassen das Telefon dreimal klingeln, damit der andere weiß: »Ich komme!« oder »Ich bin wieder da!«.

Mehr Wirkung als große Worte

Wie tiefgehend Laute einen Menschen beeinflussen können – mehr als Worte – zeigen viele Beispiele aus der Musik: Musik wirkt auf die Sinne und Nerven und wird deshalb bisweilen in Arztpraxen eingesetzt, um Schmerzen subjektiv zu vermindern. Vielleicht haben Sie auch schon in einer schwierigen Situation ein Lied vor sich hin gesummt, um sich selbst zu beruhigen und sich Mut zu machen. Plötzliche, laute Geräusche oder lautes Schreien hat schon manchen Einbrecher vertrieben. Als wirksames Mittel zur Selbstverteidigung wird vielfach eine durchdringende Trillerpfeife empfohlen. Auch der schrille Pfiff ist ein nonverbales Zeichen, auf das der andere erwartungsgemäß reagiert.

Nehmen Sie ein Gespräch zwischen Ihnen und einem Partner auf Kassette auf. Achten Sie beim Abhören auf Lautstärke und Tonhöhe Ihrer Stimme. Wie wirkt Ihre Stimme auf Sie selbst? Zu leise, zu laut, gerade angenehm? Piepsend, heiser, wohltönend, brummig? Unsicher, überbetont, forsch, langsam? Wie reagieren Sie stimmlich auf Lob oder Kritik? Probieren Sie aus, wie sich Ihre Stimme jedesmal verändert.

Die Zeit beeinflußt die Kommunikation

Auch die Zeit drückt sich in der Kommunikation ohne
Worte aus. Sie empfinden innerlich die subjektive Zeit von
Vergangenheit oder Zukunft, von Langeweile oder Streß. Sie
haben Ihre »innere Uhr«. Herz, Puls und Atem haben einen
eigenen Rhythmus, der je nach Ihrem Befinden wechselt.
Doch die Zeit hat auch ihre sichtbare Körpersprache – vor
allem als Alterungsprozeß. Er teilt Ihnen und anderen mit,
zu welcher Altersgruppe Sie gehören. Und je mehr Sie versuchen, diese Mitteilung zu unterdrücken, um so hartnäcki-
ger äußert sie sich gegen Ihren Willen.

Drei Sekunden – und nicht länger

Nachdem sie 250 Kilometer Filmmaterial gesichtet hatten,
haben Forscher des Max-Planck-Instituts mit der Stopuhr
herausgefunden, daß die Menschen, und zwar die Angehörigen verschiedener Kulturen, ihre Aktionen gleichermaßen
in kurze Einheiten von ungefähr drei Sekunden Dauer glie-
dern: Ob Sie jemandem die Hand schütteln, sich am Kopf
kratzen oder jemandem mit der Faust drohen – alles spielt
sich im Drei-Sekunden-Rhythmus ab. Selbst wenn Sie
einem Zug hinterherwinken, bis er nicht mehr zu sehen ist,
oder jemanden heftig umarmen, wechseln Sie etwa alle drei
Sekunden die Handhaltung oder die Körperspannung.
Selbst im Sprachgebrauch gilt der Drei-Sekunden-Zeittakt:
Große Dichter oder moderne Werbetexter hielten und halten sich – bewußt und unbewußt – an diese Norm. Alle
Sätze, die mehr als fünf bis sieben Wörter enthalten und
damit länger als drei Sekunden dauern, verlieren an Behal-
tenswert. Sie können sich selbst einmal beobachten: Versuchen Sie herauszufinden, wie lange Sie unbeweglich in
einer Stellung verharren können, ohne sich unwohl zu
fühlen (es sei denn, Sie meditieren – und selbst da versorgt
der Lidschlag das Auge alle drei Sekungen mit Tränenflüs-
sigkeit, sonst würde es austrocknen!). Wie lange können Sie
zum Beispiel jemandem in die Augen sehen oder die Hand
halten, ohne unruhig zu werden? Länger ist es nur mit sehr
vertrauten Personen angenehm. Schauen sich einander
Unbekannte länger an, beginnt entweder ein Flirt, ein gutes
Geschäft oder Haß.

**Wie oft mahnt uns unser Kör-
per, gelassen zu bleiben,
auch wenn wir unter Zeit-
druck stehen? Gerade wenn
Sie es eilig haben, bewegen
Sie sich so ungeschickt, daß
Ihnen Mißgeschicke passieren,
die Sie noch mehr Ihrer wert-
vollen Zeit kosten. Da rutscht
Ihnen die Milchflasche aus der
Hand, wenn Sie es morgens
eilig haben. Oder Sie vergessen den Hausschlüssel.**

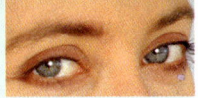

Die Sprache der Energie spüren und fördern

Die Energie ist eine eindrucksvolle nonverbale Form, sich mitzuteilen. Im Körper spüren Sie Ihre Leistungsstärken und -schwächen. Energien werden größtenteils durch die Gefühle freigesetzt oder blockiert. Welcher Energietyp Sie sind, äußert sich auch in Ihrer sichtbaren Körpersprache. Sie spüren Energie am Körper ebenfalls in Form von Wärme, Kälte oder sogar Elektrizität. In Ihrem Umfeld nehmen Sie die Energie anderer wahr, wenn Sie zum Beispiel spüren, daß Ihnen jemand folgt, obwohl Sie ihn nicht sehen. Und zuletzt erzeugen Sie konkrete Energien wie Strom oder Wärme, mit denen Sie Ihre Umwelt kalt, warm, hell oder dunkel machen.

Streß blockiert den Energiefluß. Negative Gefühle wie Angst oder Ärger führen zu Verspannungen der Muskulatur. Ihre Bewegungen, Ihre Haltung und Ihr Gesichtsausdruck spiegeln die blockierte Energie wider. Erst wenn Ihre Energie wieder frei fließen kann, wird auch Ihre Körpersprache entspannter und überzeugender.

Spüren Sie eigene und fremde Energiefelder

Wenn Sie es sich nicht vorstellen können, daß der Körper auch mittels Energie zu Ihnen »spricht«, können Sie mit dieser Übung die Energie, die von Ihrem eigenen Körper und von anderen ausgeht, als Magnetfeld spüren:

❶ Reiben Sie Ihre Handflächen etwa 10 Sekunden leicht aneinander.
❷ Lösen Sie sie dann etwa 2 bis 5 cm voneinander. Sie können jetzt das Magnetfeld zwischen den Händen spüren.

Mit etwas Übung können Sie diese Erfahrung auch bei einem Partner machen:
❶ Ihr Partner legt sich entspannt mit geschlossenen Augen hin.
❷ Lassen Sie Ihre Hände ungefähr 2 bis 3 cm über seinem Körper schweben, und versuchen Sie, die Energien wechselseitig zu spüren.

Wenn Sie ein Gefühl für Ihre eigenen und die Energiefelder anderer entwickeln, können Sie dieses Gespür im Alltag umsetzen. Sie wissen, wieviel Nähe und wieviel Distanz in unterschiedlichen Situationen angebracht sind und wie diese die Kommunikation fördern oder behindern (Seite 121). Zu spüren, wenn man verfolgt wird, kann in ganz konkreten, gefährlichen Situationen lebensrettend sein.

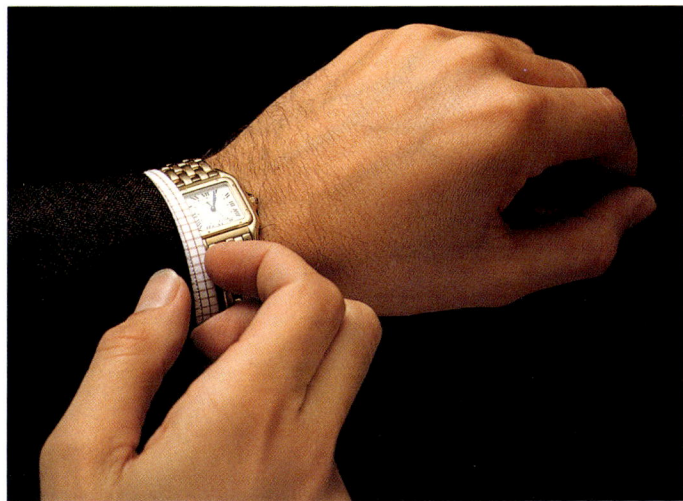

Ein demonstrativer Blick auf die wertvolle Uhr zeigt auch anderen, daß der Träger Prestige gewinnen will.

Sprechen mit Gegenständen und Bildern

Nonverbale Kommunikation ist auch Objekt- und Bildsprache. Bilder und Gegenstände sagen oft mehr aus als umständliche Erklärungen. Durch Ihre Kleidung, Ihren Schmuck und die Frisur, mit Ihren Möbeln und durch Statussymbole wie Auto, Gemälde und vieles mehr beschreiben Sie Ihre Persönlichkeit und verweisen auf Ihre Weltanschauung, Ihren gesellschaftlichen Rang und Ihre Gruppenzugehörigkeit. Die Vorliebe für bestimmte Farben kann etwas über Temperament und Wesensart verraten, die Socken und Schuhe, die Sie gerade tragen, etwas über Ihre gefühlsmäßige Tagesverfassung. Mit Körperbemalung wie Schminke oder Tätowierungen heben Sie Ihren besonderen Typus hervor oder passen sich einer Gruppe an.

Sie verständigen sich auch in Ihrer Umwelt über Bilder: Mit graphischen Zeichen wird zum Beispiel der Verkehr geregelt. Bilder und Objekte in der Werbung werden ganz gezielt eingesetzt. Bestimmte Bilder setzen sich im Unterbewußten fest und können Denken und Handeln eines Einzelnen oder ganzer Gruppen beeinflussen, ohne daß sie sich darüber klar werden.

Stil- und Farbberater haben Hochkonjunktur. Durch Ihre Kleidung können Sie Ihr Aussehen und Ihre Figur vorteilhaft hervorheben und sich auch ein bestimmtes Image geben — ob Karrierefrau oder Künstler. Doch entfernen Sie sich nicht allzu weit von Ihrer Persönlichkeit. Wenn Ihr Outfit nicht mit Ihrem Auftreten übereinstimmt, verrät Sie auch hier schnell Ihre spontane Körpersprache.

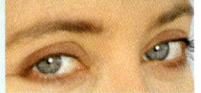

Schutz gegen zu viele Reize

Wenn das Gehirn jedoch mit zu vielen Eindrücken, Bildern und Tönen überflutet wird, werden diese übersehen oder überhört. Zu viele Reize werden nicht mehr wahrgenommen. Der Körper baut ein natürliches Schutzsystem auf. Auch eine zu übertriebene Art, sich selbst nach außen darzustellen, kann das Gegenteil von dem bewirken, was man vielleicht ursprünglich wollte: Die anderen nehmen einen nicht mehr wahr. So dient eine aggressiv-auffallende Aufmachung häufig dazu, die eigene Persönlichkeit zu verstecken und aus innerer Unsicherheit heraus durch zu viele Reize von sich selbst abzulenken.

Kommunizieren über den Raum

Seit Anbeginn des Lebens ist der zu jedem Menschen dazugehörige Lebensraum ein begehrtes und umkämpftes Terrain. Mit Ellbogen und Waffen wird darum gekämpft, er wird mit Gesetzen geregelt. Je mehr Macht jemand hat, um so größer ist sein Gebietsanspruch. Selbst innerhalb einer Familie wird oft um den persönlichen Raum gerungen. Wer beansprucht wieviel Platz, wer breitet sich überall aus und hinterläßt Zeichen seiner Eroberung wie Bilder, Nippes, herumliegende Sachen auf dem Gebiet der anderen Familienmitglieder?

Beobachten Sie einmal andere, wieviel Raum sie im Umgang miteinander und mit Ihnen einnehmen. Versuchen Sie, Ihre eigenen Grenzen deutlich zu spüren. Wann fühlen Sie sich in Ihrem »Territorium« verletzt? Wo wünschen Sie sich mehr Nähe, wo mehr Abstand? Wenn Sie Ihre persönlichen Grenzen erkennen, können Sie auch leichter ein Gefühl für die Grenzen anderer entwickeln.

Menschen unterscheiden sich in ihrem individuellen Platzbedarf.

Räumlich empfinden und wahrnehmen

Die Raumsprache drückt sich im Körper in vielen objektiven Grundgegebenheiten aus, wie zum Beispiel im Ausdehnen und Zusammenziehen (Atmung), Beugen und Strecken (Muskulatur) und in subjektiven Empfindungen: »Ich könnte die ganze Welt umarmen!«, »Mir fällt die Decke auf den Kopf!« oder »Ich könnte aus der Haut fahren!«. Äußerlich sprechen die Körpermaße, die Blick– und Bewegungsrichtung und der Raum, den Sie Ihren Bewegungen geben, ob Sie sich ausladend oder in begrenztem Rahmen bewegen.

Grenzen respektieren

In Ihrer Umwelt sind Entfernungen und Grenzen deutlich markiert, und Grenzüberschreitungen rufen unmittelbar bei Ihnen oder anderen Reaktionen hervor, positive oder negative – wenn Sie zum Beispiel die Landesgrenze auf Ihrer Urlaubsreise überschreiten (Freude, Erleichterung, Spannung) oder in Nachbars Garten Kirschen stehlen.
Im direkten Umgang mit anderen spüren Sie meist unbewußt sehr deutlich, wann Sie »die Grenze erreicht« oder »überschritten« haben.

Lassen Sie sich nicht in die Ecke drängen. Geben Sie aber auch anderen Raum, und zeigen Sie, daß Sie Ihr Gegenüber ernstnehmen und an seiner Sicht der Dinge ebenso interessiert sind wie an Ihrer eigenen.

Von Mensch zu Mensch kann sich stark unterscheiden, wie Sie einen Raum empfinden, wieviel Platz Sie selbst brauchen, anderen geben oder auch nehmen. Natürlich spielen Körpergröße, Arm- und Beinlänge eine Rolle. Aber auch, wenn ich als größerer Mensch ein weiteres Blickfeld habe, kann dies meinen Raumbedarf steigern. Ganz wichtig ist auch die eigene Sensibilität: Der sprichwörtliche Elefant im Porzellanladen nimmt sich jede Menge Platz, rempelt überall an und merkt es nicht einmal. Empfindsamere Menschen werden eventuell viel zu wenig Raum für sich beanspruchen, lassen sich schneller verdrängen und Raum wegnehmen.
All das wirkt sich erheblich auf die Körpersprache jedes einzelnen aus. Denn wer sich keinen Raum gibt für Gesten und Körperbewegungen, dessen Körpersprache wird eingeschränkter sein als bei einem Menschen, der für sich Raum beansprucht und hin und wieder auch einnimmt.

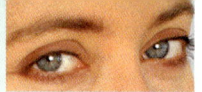

Verständigung auf gleicher Ebene

Wenn zum Beispiel zwei Personen, die gleich groß sind, ungefähr zwei Armlängen voneinander entfernt stehen, haben sie sich ganz im Blickfeld. Jeder fühlt sich auf diese Weise dem anderen ebenbürtig, zumindest in der räumlichen Verteilung. Bei unterschiedlicher Größe brauchen Sie einen größeren Körperabstand, wenn Sie einen angenehmen Augenkontakt herstellen wollen. Der Größere kann sich jedoch auch auf die Körperebene des Kleineren begeben. Das hilft ihm besonders im Kontakt mit Kindern, gleichzeitig auch deren Wahrnehmungsebene kennenzulernen und damit vielleicht auch manche Reaktionen besser zu verstehen. Wer seine Macht demonstrieren will, stellt oder setzt sich höher.

Andere Länder – andere Sitten

Eine sehr wichtige Rolle im räumlichen Verhalten spielen kulturelle Rahmenbedingungen, Religion und Hygienevorstellungen. Deshalb ist es ratsam, sich vor einer Reise über die Sitten und Gebräuche im Gastland zu informieren oder sie so gut und sensibel wie möglich zu beobachten, damit Distanzgrenzen nicht verletzt werden. Schon innerhalb Europas gibt es viele Unterschiede, die zu Mißverständnissen führen können: So findet zum Beispiel ein englischer Geschäftsmann einen Gesprächspartner unhöflich, der sich genau vor ihn hinstellt, um direkten Blickkontakt zu finden. Der deutsche Partner wird wiederum argwöhnisch, wenn ihn der englische Verhandlungspartner von der Seite her anspricht und überzeugen möchte.

Den passenden Abstand finden

Je nach Grad der Intimität gibt es einen natürlichen Abstand, dessen Grenzen Sie unbewußt einhalten. Verhaltensforscher unterscheiden zwischen intimer, persönlicher, gesellschaftlicher und öffentlicher Distanz. So bewegen sich die Grenzen bei der intimen Distanz, zum Beispiel bei Eltern und Kind, zwischen Körperkontakt und 60 cm Abstand. Am Arbeitsplatz (persönliche Distanz) bleiben Sie auf Armlänge (60 bis 90 cm), bei einem Empfang (gesellschaftliche Distanz) signalisieren 150 bis 200 cm schon

Körperliche Nähe bedeutet Intimität, Schutz oder Bedrohung. Je besser Sie jemanden kennen, desto näher können Sie ihm kommen. Manchmal kennen Sie jemanden nicht oder kaum, aber Ihr Beschützerinstinkt rührt sich. Das fremde Baby, das Sie spontan in die Arme nehmen, mag jedoch nicht immer von einem Fremden angefaßt werden. Entwickeln Sie also vor allem im Umgang mit Kindern ein Gespür für ihre Grenzen.

Wechseln Sie öfter einmal die Wahrnehmungsebene. Sie werden andere besser verstehen und geistig und körperlich flexibel bleiben. Das drückt sich dann auch in einer selbstbewußten, natürlichen Körpersprache aus.

Auf gleicher Ebene ist es für das Kind und den Erwachsenen leichter, eine vertrauensvolle Beziehung herzustellen.

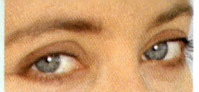

Nähe, und der Redner auf einer Bühne wird nicht näher als vier bis acht Meter an Sie herankommen. Gegenüber Kollegen und Vorgesetzten Abstand zu halten, drückt Respekt und Anerkennung aus. Achten Sie aber darauf, daß Sie dabei keine Distanz aufbauen, die auf andere unnahbar wirkt. Genauso kann aber auch ein zu geringer Abstand sehr unangenehm sein und bei anderen zu Unbehagen führen. Wer Ihnen gegenüber oft einen halben Schritt zurückweicht, sobald Sie näher rücken, zeigt damit, daß Sie seine Grenzen überschritten haben. Probieren Sie zaghaft aus, wieviel Abstand Ihre Kollegen, Freunde und Bekannte zu Ihnen brauchen.

Unsere Welt ist rechtsorientiert. Wir gehen und fahren rechts, und unser Blick wandert bei Plakaten und Regalen immer zuerst nach rechts. Danach richten sich auch die Supermärkte: Verkaufsknüller oder Ladenhüter (meist geschickt miteinander gemischt) stehen rechts. Links herum führt auch der Einkaufsweg. Sonderangebote finden Sie links, ebenso wie billigere Sorten, die teuren stehen wieder rechts.

Bühne für die Persönlichkeit

Die Raumsprache wird sehr beeinflußt von den unterschiedlichen Raumbedingungen. In einer Kirche bewegen Sie sich zum Beispiel anders als in einer Diskothek oder im Supermarkt. Jeder Raum, den Sie betreten, wird zu einer Bühne, auf der Sie Ihre Persönlichkeit darstellen. Schüchterne Menschen gehen meist von der Tür aus rechts herum an der Wand entlang in den Raum. »Hauptdarsteller« dagegen streben zielsicher auf die Mitte des Raumes zu, um von allen gesehen zu werden. Dieses Verhalten können Sie selbst in Fußgängerzonen beobachten.

Testen Sie Ihre Raumwirkung

So wie Ihre Stimme an jedem Punkt eines Raumes anders klingt, wirkt auch Ihre Persönlichkeit überall anders.

● Testen Sie einmal mit Ihrer Stimme die verschiedenen Standorte in dem Zimmer, in dem Sie sich gerade befinden. Hören und fühlen Sie, wo Sie am besten wirken.
● Nehmen Sie diesen »Raumcheck« nach Möglichkeit vor wichtigen Gelegenheiten, zum Beispiel einer Ansprache, vor. Manchmal können Sie noch Einfluß auf die räumliche Gestaltung nehmen. Wenn Sie mit den Besonderheiten eines Raums vertraut sind, stärkt das Ihre Selbstsicherheit und wirkt sich positiv auf Ihr Auftreten, Ihren Vortrag oder Ihre Gesprächsführung aus.

Starke Raumpunkte für Ihren Auftritt

Die starken Raumwege gelten nicht nur für geschlossene Räume. Auch in der Fußgängerzone bewegen sich extrovertierte Menschen auf diesen Linien. Ein von der Wirkung her sehr neutraler Punkt ist die Mitte eines Raumes: für Redner ungeeignet.

❶ Gut gesehen und gehört werden Sie, wenn Sie am Ende des Raums in der Mitte oder an einem Eckpunkt stehen.

❷ Gute Raumwege: durch die Mitte zur hinteren Mitte, von den Seiten zur Mitte oder an den Seiten zu den Eckpunkten.

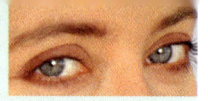

Körper und Seele sprechen gemeinsam

In Ihrer Körpersprache drücken sich Körper, Geist und Seele aus, die in engster Verbindung miteinander stehen. Wie Sie sich bewegen, hängt davon ab, wie Sie sich körperlich, seelisch und geistig fühlen. Sie bringen Ihr Innerstes zum Ausdruck, beeinflussen gleichzeitig aber auch Ihre Psyche über Ihre körperliche Verfassung.

Körper und Seele beeinflussen sich

Die Körpersprache spricht immer etwa eine Sekunde vor dem gesprochenen Wort die Wahrheit, auch wenn dieses dann lügen sollte.

Sie setzen die körpersprachlichen Zeichen ein, um ohne Worte zu zeigen, wie es Ihnen geht, um Reize auszusenden und auf Reize zu reagieren. Ihre innere Haltung beeinflußt dabei Ihre äußere, aber Sie können auch umgekehrt über die äußere Haltung auf Ihre innere einwirken (Seite 141). Die folgende Übung kann Ihnen einen ersten Eindruck davon geben, wie unmittelbar seelische Zustände und körperlicher Ausdruck miteinander verbunden sind.

Der Körper äußert sich schneller

Wie unmittelbar ein Gedanke Ihre Haltung beeinflußt, können Sie immer wieder an sich selbst beobachten.
Allein die Idee einer Bewegung löst im Menschen eine teils bewußte, teils unbewußte Tendenz aus, diese Bewegung auch durchzuführen. Dieser Reflex auf das Denken tritt unmittelbar ein. Er wird »ideomotorische Reaktion« (Reaktion auf eine gedachte Bewegung) genannt. Sie können diese Reaktion kaum unterdrücken. Sie reagieren körpersprachlich fast automatisch immer etwa ein bis zwei Sekunden, bevor Sie einen Gedanken aussprechen können. Denken Sie zum Beispiel daran, daß Sie jemand ansprechen möchten: Sie werden Ihren Gesprächspartner anschauen, noch bevor Sie etwas zu ihm sagen.
Auch Sportveranstaltungen, die Sie im Fernsehen verfolgen, Tanz und Schauspiel, die Sie sich im Theater ansehen, oder einen Kinofilm erleben Sie körperlich mit. Diese Erkenntnis

wird in vielen Bereichen genutzt: beim Entspannungstrai-
ning – wo etwa die Vorstellung, daß ein Körperteil warm
und schwer wird, genügt, um entsprechende Muskelpartien
und schließlich Körper und Geist zu entspannen –, aber
auch zum Beispiel bei Wettkampfvorbereitungen. So durch-
fahren Formel-1-Fahrer ihre Strecken »im Geiste« und erleben schwierige Abschnitte auch körperlich mit.

Die innere Haltung verändern

**Die Körpersprache ist Aus-
druck unserer Seele, und die
Augen sind ihre Fenster.**

❶ Formulieren Sie einen negativen Gedanken, zum Beispiel:
»Mir geht es schlecht.« oder
»Heute wird mir die Arbeit zu
viel!«. Spüren Sie nun, wie sich
Ihre Haltung verändert. Vielleicht sinken Ihre Schultern
nach vorne, und Ihr Oberkörper
verkrampft sich, Ihr Schritt wird
schleppend.
Versuchen Sie jetzt, Ihre innere
Haltung über Ihre äußere zu
beeinflussen:

❷ Wiederholen Sie die negativen Sätze, aber stellen Sie sich
dabei aufrecht hin, beugen Sie
die Knie leicht, halten Sie die
Hände in Körpermitte und ziehen Sie die Augenbrauen hoch.
Das Problem ist zwar nicht
beseitigt, aber »Sie gehen aus
sich heraus«. Sie können die
Schwierigkeiten mit mehr
Distanz sehen und über eine
veränderte Bewegung und Haltung Ihr Problem besser lösen.

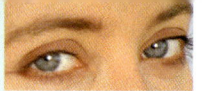

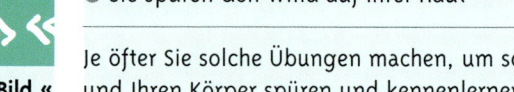

Erfahren Sie Ihre ideomotorischen Körperreaktionen

Setzen Sie sich gerade und entspannt auf einen Stuhl, schließen Sie die Augen, und stellen Sie sich eine bestimmte Situation oder ganz bestimmte Bilder vor. Versuchen Sie dabei zu spüren, wie Ihr Körper auf die verschiedenen Phantasiebilder reagiert. Stellen Sie sich zum Beispiel vor:

● Sie schauen aufs Meer
● Sie hören das Meeresrauschen
● Sie riechen die Salzluft
● Sie schmecken das Salz auf den Lippen
● Sie spüren den Wind auf Ihrer Haut

Je öfter Sie solche Übungen machen, um so besser werden Sie sich und Ihren Körper spüren und kennenlernen.

**»Die Seele denkt nie ohne Bild.«
Aristoteles, 384–322 v. Chr.,
griechischer Philosoph**

Sich selbst positiv beeinflussen

Sie können dieses Gefühl für Ihren Körper und seine ganz individuelle Art, sich zu äußern, nutzen, um Ihre persönlichen Energien und Fähigkeiten voll zu entfalten. Indem Sie Körper und Geist wechselseitig beeinflussen, können Sie ganz konkret Probleme lösen, sich neue Ziele setzen und sie auch verwirklichen. Ein gezieltes Körpertraining hilft Ihnen, sich überzeugender zu bewegen und erfolgreicher aufzutreten und damit auch mehr Erfolg in persönlichen und beruflichen Bereichen zu haben. Die Wechselwirkung von Körper und Geist steht auch im Mittelpunkt einer sehr erfolgreichen Therapiemethode, dem NLP (Seite 33). Wenn Sie sich selbst und Ihre Umgebung sinnlich wahrnehmen, Ihre Kommunikations- und Verhaltensmuster erkennen und bewußt gestalten, lernen Sie, alte Blockaden aufzuheben und mit sich und anderen auf eine neue, positive und erfolgversprechende Art umzugehen.

NLP – die eigene Persönlichkeit entfalten

NLP – drei Buchstaben, die innerhalb weniger Jahre weltweit bekannt wurden. Die Abkürzung steht für Neurolinguistisches Programmieren, eine Therapie, die davon ausgeht, daß jeder Mensch sich selbst helfen kann, wenn er seine eigenen Energien und Kräfte entdeckt und nutzt. Die Arbeit mit inneren Bildern und Gefühlen und dem körperlichen und sprachlichen Ausdruck spielt dabei eine zentrale Rolle.

Wahrnehmen und verwirklichen

Begründet haben die NLP-Methode der Psychologe und Informatiker Richard Bandler und der Sprachwissenschaftler John Grinder. Die Vorbilder für NLP waren die Gestalttherapie von Fritz Perls, die Systemische Familientherapie von Virginia Satir, die Hypnosetherapie von Milton Erikson und die Feldenkrais-Methode von Moshé Feldenkrais. Im NLP werden wesentliche Elemente jeder dieser Methoden zu einem neuen, umfassenden Modell verbunden.

»Was ich heute bin, ist ein Hinweis auf das, was ich gelernt habe, aber nicht auf das, was mein Potential ist.« Virginia Satir, amerikanische Familientherapeutin

Was hinter NLP steckt

Neuro: Der Mensch nimmt seine Umwelt mit seinen Sinnesorganen wahr. Die unterschiedlichen Informationen und Reize werden über die Nervenbahnen an das Gehirn weitergegeben und dort gefiltert und weiterverarbeitet. Die Sinneseindrücke eines jeden Menschen sind unterschiedlich, jeder erlebt so seine »subjektive Wirklichkeit«.
Linguistisch: Über die Sprache wird die subjektive Wahrnehmung ausgedrückt.
Programmieren: In den Schaltzentralen von Körper, Geist und Seele werden Erfahrungen gespeichert und ausgewertet und ganz bestimmte, individuelle Verhaltensweisen geprägt, die man erkennen und auch verändern kann.

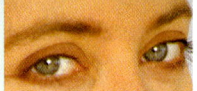

Das NLP-Lernprogramm baut auf drei grundlegenden Schritten auf:

❶ Zuerst lernen Sie, die jetzige Situation und die Art, wie Sie sich in speziellen Situationen immer wieder verhalten und wie Sie mit Problemen umgehen, genau wahrzunehmen.

❷ Sie stellen im nächsten Schritt fest, was Sie verändern wollen, und Sie entwerfen ein möglichst genaues Bild von Ihren Zielen und Wunschvorstellungen.

❸ Schließlich erproben Sie dieses Bild in mehreren praktischen Übungen, passen es an Ihre Lebensweise und wirklichen Bedürfnisse an und setzen es Schritt für Schritt um. Wichtig dabei ist, daß Sie sich eigene positive Erfahrungen bewußt machen und das damit verbundene gute Gefühl jederzeit abrufen und in entscheidenden Situationen erfolgreich einsetzen können. Dieses Abrufen positiver Gemütszustände, im NLP Ankern (Seite 150) genannt, hilft Ihnen, negative Erlebnisse, die Ihr Verhalten bisher prägten, zu überwinden, Probleme erfolgreich zu lösen und Ihr Leben nach Ihren Bedürfnissen zu gestalten. Sie lernen beispielsweise, Ihre Gefühle und Ideen mit Ihrer Körpersprache in Einklang zu bringen und so für Sie und andere überzeugender umzusetzen.

»Wenn du das tust, was du immer schon getan hast, wirst du bekommen, was du schon immer bekommen hast. Wenn du das, was du möchtest, nicht bekommst, dann tue etwas anderes.«
Richard Bandler, amerikanischer Psychologe und Informatiker, Mitbegründer des NLP

Ein Programm zur täglichen Anwendung

NLP ist keine starre Formel, sondern wie ein Gymnastikband ein flexibles Trainingsmittel, das Sie täglich anwenden und nach Ihrem eigenen Rhythmus verbessern können. Manche Menschen stören sich an dem Wort »programmieren« und wenden ein: »Ich bin doch kein Computer.« Aber ähnlich wie in einem Computer werden auch im menschlichen Gehirn Daten eingegeben, verarbeitet und bei Bedarf abgerufen. »Programmieren« ist insofern zwar ein amerikanisch legerer, aber passender Ausdruck. Sie tippen dann nicht mehr ahnungslos auf der Tastatur der Gefühle herum, bis Sie zufällig, zum Beispiel in einem Vorstellungsgespräch, angemessen reagieren, sondern Sie wissen durch die NLP-Übungen und die Körpersprache, in welcher Situation Sie und der andere sich befinden und welche Verhaltensprogramme gerade ablaufen. Sie können sich so verhalten, wie es der Situation und Ihren Zielen entspricht.

Erster Kontakt mit NLP

Äußere Haltung verändert die inneren Zustände und umgekehrt. NLP-Übungen schärfen Ihre Beobachtungsgabe für Ihr eigenes Verhalten und dafür, wie Menschen miteinander umgehen. Sie lernen, die Übergänge und Trennlinien zwischen Ihrer subjektiven Wirklichkeit (so wie sie in Ihrer Erinnerung programmiert ist, zum Beispiel »der erste Kuß«) und anderen Erfahrungen zu erkennen. Mit einigen einfachen Übungen können Sie sich einen ersten Eindruck von den wichtigsten Techniken im NLP verschaffen.

Finden Sie zu sich selbst

Diese Übung hilft Ihnen, Gedanken, Gefühle und Körpersprache in Einklang zu bringen und Ihre Konzentrationsfähigkeit zu stärken. Auf diese Weise finden Sie einen besseren Zugang zu Ihren Energien.

❶ Sammeln Sie sich innerlich etwa drei Sekunden.

❷ Atmen Sie tief ein.

❸ Mit dem Ausatmen gehen Sie einige Schritte und verharren in einer Pose, legen Sie eine Atempause ein.

❹ Sprechen Sie in dieser Haltung laut einen Satz, der genau zu Ihrer äußeren und inneren Haltung paßt.

❺ Versuchen Sie, wahrzunehmen, ob Gefühle, Stimme und Körperausdruck übereinstimmen.

Versuchen Sie, sich ganz auf Ihre Gedanken, Ihre Gefühle und Ihre Körpersprache zu konzentrieren. Entsprechen sie sich? Oder wollen Ihre Gefühle anders als Ihre Gedanken, oder zeigt Ihre Körpersprache vielleicht in eine ganz andere Richtung?

Sie können diese Übung auch in anderer Form mit einem Partner durchführen:

❶ Sie gehen aus dem Zimmer und schließen die Tür. Ihr Partner bleibt im Raum.

❷ Öffnen Sie nun die Tür wieder, betreten Sie das Zimmer, bleiben Sie stehen, und sagen Sie laut: »Ich bin eine ... Persönlichkeit.« (setzen Sie ganz spontan ein Eigenschaftswort ein, zum Beispiel aufrichtige, selbstbewußte, aktive oder ähnliches).

❸ Wenn Ihre Körperhaltung mit Ihren Worten übereinstimmt, applaudiert Ihr Partner. Klaffen sie zu weit auseinander, schickt er Sie noch einmal vor die Tür.

Versuchen Sie, von Mal zu Mal Ihre Körperhaltung zu verändern, bis Sie selbst auch spüren, wie Ihr körperlicher Ausdruck Ihrem Gedankenbild näherkommt.

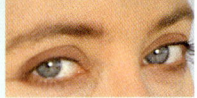

Eine gute Wechselbeziehung herstellen

Im NLP geht es nicht nur darum, Gedanken und Ausdruck erfolgreich in Einklang zu bringen, sondern auch einen guten Kontakt zu anderen herzustellen (Seite 101). In der NLP-Sprache heißt die »gute Wechselbeziehung« Rapport. Sie können mit dieser Partnerübung schon einmal zur Einstimmung feststellen, wo Sie in bestimmten Situationen, zum Beispiel in einem Gespräch, Mauern und Blockaden errichten, die die Beziehung stören.

❶ Setzen Sie sich einem Partner in einer Position und in einer Haltung gegenüber, die ausdrücken: »Ich will nichts von dir wissen!«. Stellen Sie fest, wo die Mauern (Beine, Arme, abgewandter Kopf, seitlich gerückter Stuhl oder ähnliches) und die inneren Blockaden (Blickverhalten) sind.

❷ Verändern Sie nach und nach langsam die Sitzposition, Wenden Sie sich einander zu, bis Sie die optimale Position und Haltung erreicht haben, die es beiden ermöglicht, ein angenehmes Gespräch zu führen.

Positive und negative Sinnesreize erkennen

Positive Erfahrungen helfen, eigene und fremde Barrieren abzubauen und Ziele erfolgreich zu verwirklichen. In Ihrem Gedächtnis haben sich zahlreiche Bilder eingeprägt, die automatisch angenehme oder unangenehme Gefühle hervorrufen und in bestimmten Situationen bestimmte Verhaltensmuster auslösen. Versuchen Sie einmal herauszufinden, wie Sie auf bestimmte Bilder reagieren:

Setzen Sie sich entspannt hin und versuchen Sie, sich ganz auf die einzelnen Bilder, die Sie abrufen, zu konzentrieren.

● Welcher Duft
● Welche Musik
● Welche Farbe
● Welcher Geschmack
● Welches Bild
● Welches Kleidungsstück

löst bei Ihnen positive oder negative Reaktionen aus?

Bilder, die Sie positiv anregen, können Sie mit etwas Übung in wichtigen Situationen gezielt einsetzen (Seite 152) und so an Selbstsicherheit und Überzeugungskraft gewinnen.

Es gibt Bilder, die sofort vor Ihrem inneren Auge auftauchen und ganz bestimmte Gefühle hervorrufen. Denken Sie nur: Marilyn Monroe auf dem Luftschacht der U-Bahn, Albert Einstein streckt die Zunge heraus. Gibt es andere Bilder, die Sie sofort abrufen können, und die für Sie mit ganz unterschiedlichen Empfindungen verbunden sind?

Lernen Sie, Ihre Persönlichkeit und Ihre Fähigkeiten sicher und erfolgreich im Umgang mit anderen einzusetzen.

Den eigenen Rahmen verändern

Ihr alltägliches Verhalten spielt sich in einem selbstgesteckten Rahmen ab, den Sie erweitern und verändern können. Ein vorgefertigtes, »fremdes« Verhalten kann man mit NLP nicht einstudieren. Das ist auch nicht das Ziel. Denn es geht ja darum, daß Sie einen besseren Zugang zu Ihrer eigenen Persönlichkeit und Ihren ganz individuellen Fähigkeiten finden. Dazu ist es manchmal wichtig, das bisherige Verhalten zu ändern und neue Wege zu gehen, um die eigenen Zielsetzungen sicher zu erreichen. Das können berufliche oder private Ziele sein: hochgesteckte wie beruflicher Erfolg, die Lösung drängender Probleme in der Partnerschaft oder ganz alltägliche wie der entspanntere Umgang mit Streßsituationen. Stellen Sie sich konkret vor, was Sie noch alles in Ihrem Leben erreichen wollen, wie Sie gerne sein möchten. Viele Übungen in den folgenden Abschnitten kommen aus dem NLP. Im letzten Kapitel erfahren Sie, wie Sie Ihre neugewonnene positive Wahrnehmung stärken und sie so in Ihrem alltäglichen Verhalten verankern, so daß Sie sie jederzeit abrufen können, wenn Sie spüren, daß Sie wieder in alte, negative Verhaltensmuster zurückfallen.

»Für mich ist das genau die Idee, wohin NLP gehen sollte: ... Die Grenzen zwischen uns und anderen zu verringern, nicht nur weil das eine schöne Idee ist, sondern weil wir die Fertigkeiten, die Fähigkeiten und die Mittel haben, das zu tun.«
Robert Dilts, NLP-Therapeut

Körper, Seele und Geist als Einheit

Es geht in diesem Buch nicht darum, bestimmte körpersprachliche Muster zu erkennen, richtig einzuordnen, sich selbst und andere danach oberflächlich zu beurteilen und sich mit mehr oder minder gut einstudierten Gesten zu bewegen. Erst wenn Sie die Körpersprache als ganzheitlichen Ausdruck von Körper, Seele und Geist erfahren haben, können Sie auch mit ihrer Hilfe Ihre eigene Persönlichkeit und Ihre individuellen Energien entfalten.

Über Ihren Körper können Sie nicht nur zum Kern Ihrer Persönlichkeit vordringen, sondern auch Ihr eigenes Wesen zum Ausdruck bringen und Ihre Energien entfalten. Wer sich wohlfühlt, ist attraktiver und hat mehr Ausstrahlung und Anziehungskraft.

Die Einheit erkennen

Der körperliche Ausdruck ist in einigen Grundelementen bei allen Menschen gleich (Seite 12). Die Angehörigen einer Kultur haben einen noch größeren gemeinsamen Schatz an körpersprachlichen Ausdrucksformen. Diese helfen ihnen, sich untereinander auch körpersprachlich zu verständigen und auszutauschen. Jeder Mensch hat dennoch eine andere Art, zu sprechen und seine Gedanken auszudrücken. So wie die gesprochene Sprache ist gerade auch die Körpersprache untrennbar mit der Persönlichkeit des einzelnen verbunden (ab Seite 50). Es ist daher sehr leicht möglich, daß Sie andere aufgrund ihres körpersprachlichen Verhaltens falsch beurteilen. Je mehr Sie sich der Einheit von Körper, Geist und Seele bewußt sind, desto bewußter werden Sie auch mit sich und anderen umgehen können.

Körpersprache ist Körper, Seele und Geist

Es ist nicht nur spannender, sondern auch wesentlich wirkungsvoller, dieser Einheit von Körper, Seele und Geist nachzuspüren und nicht nur allein den körperlichen Ausdruck zu trainieren. Auf längere Sicht hätten Sie auch keinen Erfolg damit, sich beispielsweise in Ihren einstudierten Gesten souverän und offen zu geben, aber im Innern zögerlich und unsicher zu sein. Denn Ihr Auftreten und Ihr Verhalten würden immer unnatürlich und gekünstelt wirken,

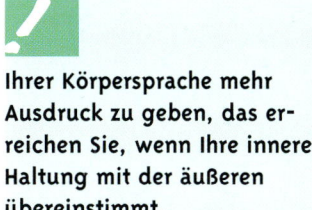

Ihrer Körpersprache mehr Ausdruck zu geben, das erreichen Sie, wenn Ihre innere Haltung mit der äußeren übereinstimmt.

Sie erhöhen Ihre Ausstrahlung nicht dadurch, daß Sie Gesten einüben, die Sie innerlich nicht spüren.

und Sie würden vielleicht sogar das Gegenteil von dem erreichen, was Sie beabsichtigt hatten. Bestimmte Anregungen und Grundregeln können Sie jedoch beherzigen und versuchen, im Alltag umzusetzen. Eine individuelle und echte Körpersprache erreichen Sie allerdings nur, wenn Sie alle Anteile Ihrer Persönlichkeit stärken.

Körperliche Qualitäten erhalten

Mit gezielten Übungen können Sie Ihr Körpergefühl trainieren. Das heißt nicht, daß Sie übertrieben Sport oder Muskeltraining betreiben sollen. Aber regelmäßige körperliche Betätigung erhöht nicht nur Ihre Kondition, sondern auch Ihre Beweglichkeit und Ihren Gleichgewichtssinn. Sie lernen, Ihren Körper bewußter einzusetzen, Sie gewinnen ein

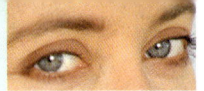

Gefühl für den Raum, für Nähe und Abstand, für Rhythmus, Anspannung und Entspannung. Dieses Körpergefühl erleichtert Ihnen den Umgang mit anderen und hilft Ihnen, Ihre geistigen und seelischen Fähigkeiten voll zu entfalten.

Seelische Qualitäten stärken

Ein besseres Körpergefühl erhöht auch das Selbstbewußtsein. Bestimmte Körperübungen helfen Ihnen, Ihr Selbstwertgefühl zu steigern (ab Seite 135). Sie lernen, sich anzunehmen, so wie Sie sind. Sie versuchen nicht mehr, sich hinter sich selbst zu verstecken, sondern Sie öffnen sich. Diese veränderte Einstellung drückt sich sogleich in Ihrer Körperhaltung aus. Dadurch gewinnen Sie an natürlicher Ausstrahlung. Und diese natürliche Ausstrahlung ohne gekünstelte Körpergesten kommt bei anderen auch am besten an.

»Meine Aufgabe ist es nicht, andern das objektiv Beste zu geben, sondern das Meine so rein und aufrichtig wie möglich.«
Hermann Hesse, 1877-1962, deutscher Dichter

Geistige Qualitäten fördern

Viele Übungen in diesem Buch sind Bewußtseinsübungen, die Ihnen helfen sollen, sich die meist völlig unbewußt ablaufende Körpersprache ins Gedächtnis zu rufen und dort abzuspeichern. Sie werden lernen, sich und andere bewußter wahrzunehmen und bestimmte, oft blitzschnell ablaufende Körpersignale zu erkennen, die Sie zuvor vielleicht nie beobachtet haben. Schon daran wird Ihnen deutlich, daß zu einer lebendigeren Körpersprache auch Wissen und Erfahrung gehören, die Sie nur über das Bewußtsein erwerben können.

Der erste Schritt: sich selbst entdecken

Schärfen Sie zunächst Ihren Blick für sich selbst, Ihr Temperament und Ihre Veranlagungen. Entdecken Sie, wie Sie persönlich die Dinge wahrnehmen, mit Problemen umgehen, von welchen Gefühlen und Sinneseindrücken Sie sich leiten lassen. Entwickeln Sie ein sicheres Gespür für Ihre Körpersprache und dafür, wie Ihr körperlicher Ausdruck mit Ihrer seelischen Verfassung zusammenhängt.

Mit dem Körper im Selbstgespräch

Überlassen Sie es nicht den anderen, die Botschaften Ihres Körpers zu entdecken und zu interpretieren. Lassen Sie sich überraschen, was Ihnen Ihr Körper zu sagen hat.

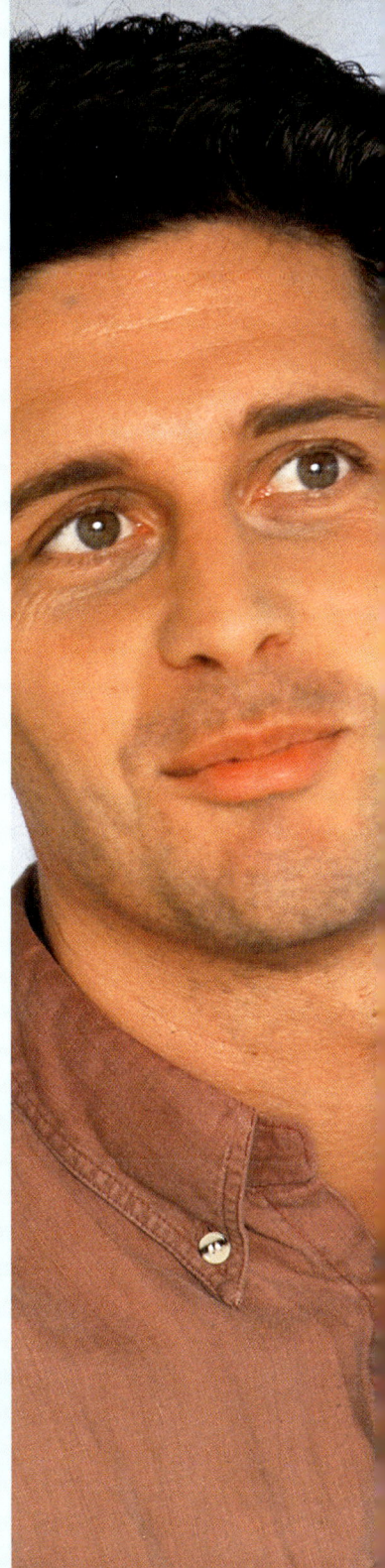

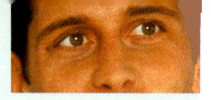

Botschafter der Gefühle

In der Körpersprache kommt immer der ganze Mensch zum Ausdruck. Deshalb können Sie Ihre Körpersprache auch als Botschafter Ihrer Gefühle betrachten. Dieser Botschafter meldet Ihnen, was Ihr Innerstes denkt und fühlt. Nur drängt sich Ihnen dieser Botschafter selten auf. Er wird nur laut, wenn es um grobe Verstöße geht. Dann knurrt der Magen, das Herz klopft wie wild, oder es fallen Ihnen beim Lesen die Augen zu.

Schnappschüsse, die Sie meistens ganz weit hinten in Ihrer Fotokiste oder in Alben verstecken, sagen Ihnen viel über Ihre spontane Körpersprache. Schauen Sie sich daher diese Fotos mal aufmerksam an, und versuchen Sie, Ihren Körperausdruck genau zu interpretieren.

Sich selbst besser wahrnehmen

Bevor Ihnen bei diesem Buch die Augen zufallen, sollten Sie vorher Ihren Körper wahrnehmen, der Ihnen rechtzeitig genügend Signale gibt, daß er jetzt den Schlaf dringender braucht als eine lebendigere Körpersprache: Dann ist der Kopf schon weit nach vorne geneigt, die Arme fühlen sich schwerer an, und die Schultern hängen schlaff herunter. Um auch während des Lesens solche Signale wahrzunehmen, achten Sie etwa nach jeder zweiten Seite einmal kurz auf Ihren Körper. Stellen Sie sich vor, Sie würden sich selbst mit einer Polaroid-Kamera fotografieren. Halten Sie sich das Bild vor Augen: In welcher Körperhaltung lesen Sie das Buch? Sitzen Sie bequem oder angestrengt, entspannt oder steif? Ist Ihr Rücken gebeugt oder aufrecht, haben Sie beide Füße auf der Erde? Wenn Sie unbequem sitzen oder Ihre Beine so stehen, als wären sie jederzeit zum Sprung bereit, dann signalisiert Ihr Körper Ihnen, daß dieses Buch nicht Ihr volles Interesse weckt. Überlegen Sie dann, ob andere Dinge derzeit vielleicht wichtiger für Sie sind.

Schnappschüsse im Kopf entwickeln

Meist machen wir uns selbst kein Bild von unserem eigenen Körper. Oder wissen Sie immer genau, wie Sie nach außen hin wirken? Ziemlich oft sind wir sehr erstaunt und hin und wieder auch entsetzt, wenn wir uns auf Schnappschüssen entdecken, unsere Stimme auf Kassette hören oder gar die ungelenken oder verkrampften Bewegungen auf einem

Video bemerken. Dabei hören und sehen Sie »nur« die objektive Momentaufnahme der Wirklichkeit.

Wer sich selbst zu wenig wahrnimmt, erlebt öfters Überraschungen. So widmete sich die Gastgeberin einer großen Party immer wieder ihren zahlreichen Gästen und war enttäuscht, weil sich die Gespräche trotzdem nicht entwickelten. Hätte sie bewußt auf ihre Füße geschaut, hätte sie feststellen können, daß diese fast immer auf die Eingangstür zeigten, selten aber den Gesprächspartnern zugewandt waren. Sie achtete – ohne daß sie dies selbst bemerkte – zu stark darauf, jeden Neuankömmling auf ihrem Fest zu begrüßen, und ließ sich auf kein tieferes Gespräch ein. Ihre Gäste spürten dies intuitiv und beschränkten sich auf einen belanglosen Small Talk mit der Gastgeberin.

Übung: Das innere Spiegelbild betrachten

Diese Übung können Sie mehrmals am Tag machen, insbesondere dann, wenn Sie sich nicht so gut fühlen, wenn Sie aufgeregt oder angespannt, gelangweilt oder gestreßt sind. Schließen Sie die Augen, und fragen Sie sich, wie Sie momentan aussehen: Wo stehen Ihre Füße, wo haben Sie Ihre Arme, sind Ihre Lippen schmal oder zu einem Schmollmund geformt? Wo sind Ihre Muskeln entspannt und wo angespannt, welche Körperregionen fühlen Sie überhaupt nicht, und welche sind besonders kalt oder warm?

Dann fragen Sie sich weiter, was für ein Gefühl Sie gerade im Magen haben. Und versuchen Sie, Ihren Gemützustand spontan zu beschreiben: verknittert, aufgebracht, wie gelähmt, völlig durch den Wind .... Sie wissen jetzt nicht nur, wie Sie sich fühlen, sondern auch, wo Sie in solchen Situationen verspannt sind und welches Bild Sie dabei abgeben. Vermutlich werden Sie erstaunt feststellen, daß Ihr Körperausdruck, beispielsweise ein krummer Rücken, eingefallene Schultern und schmale Lippen, nicht nur Ihre Rückenschmerzen erklärt, sondern auch, warum Ihre Kollegen Ihnen immer weniger zutrauen. Ein anderer entdeckt vielleicht, daß seine bei Streß stark in Falten gelegte Stirn und die hektischen Bewegungen daran schuld sind, daß andere ihn für verkrampft und wenig belastbar halten. Außerdem weiß er dann, warum er abends Kopfschmerzen hat.

Fragen Sie sich zwischendurch immer wieder, wie Sie auf andere wirken. Nicht, um sich einem Ideal anzupassen, sondern damit sich Ihr inneres Bild nicht allzu sehr von der Realität entfernt und erst jemand von außen Sie darauf aufmerksam machen muß.

Das Johari-Fenster als ein sprechender Spiegel

Fallen Ihnen spontan zwei oder drei eigene Ticks ein, also kleine Bewegungen, die Sie immer wieder mal grundlos ausführen? Falls Ihnen diese meist unangenehmen Verhaltensweisen an sich selbst noch nicht aufgefallen sind, hilft vielleicht das sogenannte »Johari-Fenster« weiter. Solange Sie sich nur im Spiegel (und sei es auch der innere Spiegel im Kopf) anschauen, bekommen Sie allein das zu sehen, was Sie gerne sehen möchten. Erst wenn der Spiegel spricht, wissen wir, wer wirklich die oder der »Schönste im Lande« ist. Wenn Sie also wissen wollen, wie Sie auf andere wirken, tauschen Sie Informationen aus. Gehen Sie die einzelnen Punkte des Johari-Fensters am besten mit einer Freundin oder einem Freund durch.

Das Johari-Fenster wurde 1971 von den amerikanischen Psychologen Joe Luft und Harry Ingham entwickelt und nach ihren Vornamen benannt. Es ist ein sehr anschauliches Modell zur Selbst- und Fremdwahrnehmung und zeigt, wie Sie als Persönlichkeit auf Ihre Umgebung wirken. Im offenen Gespräch mit anderen können Sie als Persönlichkeit an Profil gewinnen.

Das Johari-Fenster symbolisiert anschaulich, wie unterschiedlich Selbst- und Fremdwahrnehmung ausfallen können.

Der obere linke Fensterteil steht für alle Informationen über
die eigene Person, die Sie der Öffentlichkeit geben, wie zum
Beispiel Name, äußeres Erscheinungsbild, eindeutige Verhaltensweisen auf der Sach- und Beziehungsebene.
Rechts davon sitzt der »Blinde Fleck«: all das, was anderen
auffällt, nur einem selbst nicht. Das kann ein unangeneh-
mer Geruch sein, Ticks oder äußerliche Erscheinungsmerk-
male, die nicht zusammenpassen, zum Beispiel ein trauri-
ges Gesicht und ein fröhliches »Guten Morgen«. Auf alle
Fälle kann man selbst nicht erkennen, was sich hinter diesem Fenster verbirgt. Es muß von anderen geöffnet werden.
Links unten stecken alle Informationen aus dem Privatleben. Je weniger andere darüber wissen, um so größer können die Spekulationen und Gerüchte sein.
Das Fenster rechts unten ist wie aus Milchglas: Dahinter verbirgt sich das Verhalten, das aus dem Unterbewußtsein
kommt und auch beim anderen direkt das Unterbewußtsein
erreicht. Es wird also nicht bewußt erkannt, hat aber trotzdem großen Einfluß darauf, ob ein Kontakt gut oder
schlecht verläuft.
Prägen Sie sich anhand des Johari-Fensters ein, den linken
Fensterflügel weiter zu öffnen, also mehr von sich zu
erzählen. Damit nehmen Sie zum einen Spekulationen den
Wind aus den Segeln. Gleichzeitig ermutigen Sie damit
andere, Ihnen mehr über sich zu sagen. Auf diese Weise
können Sie sich gegenseitig besser akzeptieren.

**Reden Sie über Ihre Körper-
sprache. Fragen Sie, was
anderen auffällt. Vielleicht
hat Ihnen Ihr Partner schon
oft übel genommen, daß Sie
bei Diskussionen immer den
Finger erheben – und Sie
haben es möglicherweise
noch gar nicht gemerkt.**

Antworten Sie auf Ihre Körpersprache

Wenn Sie erkennen oder Ihnen gesagt wird, wie Ihr Körper
auf bestimmte Situationen reagiert, können Sie bewußt
gegensteuern. Bei Streßfalten auf der Stirn massieren Sie
kurz Ihren Kopf (siehe Seite 137). Und den hängenden
Schultern nach dem Anpfiff Ihres Chefs begegnen Sie,
indem Sie tief Luft holen und die Brust vorstrecken. Damit
beugen Sie nicht nur Rückenschmerzen vor, sondern wirken auch nach innen. Körpersprache ist nicht nur ein Fenster der Seele nach außen hin, sondern wirkt auch von
außen auf die Seele ein. Ein gerader Rücken, die Füße
spüren den Boden, die Augen schauen geradeaus und nicht
nach unten: So gewinnen Sie schnell wieder Selbstvertrauen.

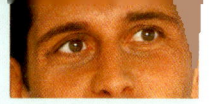

Wechselspiel zwischen Körper, Seele und Geist

Schon in der Übung auf Seite 31 haben Sie gemerkt, daß die innere nicht nur die äußere Haltung bestimmt, sondern auch andersherum: Die äußere Haltung kann die innere beeinflussen. Denn alle drei Bereiche, Körper, Seele und Geist, stehen in einem beständigen Wechselspiel miteinander. Und die Körpersprache ist dafür ein hervorragendes Beispiel. Stellen Sie sich einen Redner vor, der so aufgeregt ist, daß er anfängt, immer schneller zu sprechen. Kein Wunder, daß er sich in seiner Rede verhaspelt und dadurch noch hektischer wird. Sie werden fragen, was dieses Beispiel mit Körpersprache zu tun hat. Sie ist ein gutes Instrument, die Spannung zwischen Seele und Körper zu lenken. Wenn Sie bewußt, also von Ihrem Geist her, anfangen, mit Ihrer Körpersprache dem Körper einen langsamen Rhythmus vorzugeben, dann wird sich auch Ihr Inneres auf dieses langsamere Tempo einstellen. Sie können dies selbst sehr gut vor einem Spiegel üben.

Wenn Sie eine Rede proben, versuchen Sie, diese mit einer bewußt übertriebenen Körpersprache zu untermalen. Sie spüren dann deutlicher, an welchen Stellen Sie sich noch unsicher fühlen oder wann Ihre Bewegungen ungelenk werden. Sagen Sie sich die entsprechenden Absätze noch einmal vor, atmen Sie dabei gleichmäßig tief ein und aus, und lassen Sie die Gesten mit dem Atem fließen.

Übung: Körpersprache dirigiert die Sprache

Wenn Sie feststellen, daß Sie häufig zu schnell sprechen, stellen sie sich vor einen Spiegel. Fangen Sie an, frei zu reden, und dirigieren Sie dabei ein imaginäres Orchester mit weit ausladenden Bewegungen Ihrer Arme. Denken Sie das nächste Mal, wenn Sie eine Rede halten, an diese Übung, und setzen Sie auch dort Ihre Hände ein, um sich in ein langsames Tempo einzuschwingen. Schließlich können Sie jeden Satz mit einer kleinen Geste begleiten. Über die Gestik entwickeln Sie ein Gefühl für den Sprechrhythmus, und finden Sie dann ein angemessenes Sprechtempo.
So wie die Körpersprache die Sprache dirigiert, können Sie auch durch die Sprache die Gestik anregen. Sind Sie ein Mensch, der wenig Gesten benutzt, versuchen Sie damit in Ihren Reden viele bildhafte Kontraste zu schaffen. Die können Sie dann mit Gesten unterstützen. Beispielsweise können Sie von großen Menschen sprechen, von weiten Räumen, hohen Idealen oder breiten Schultern. Je mehr Sie die Dinge räumlich beschreiben (hoch, weit, breit, groß), desto eher werden Sie dabei ganz unwillkürlich die entsprechende Gestik einsetzen und anschaulicher und lebendiger reden.

Je überzeugter Sie selbst von dem Inhalt Ihrer Rede sind, desto sicherer wird auch Ihre Körpersprache sein. Der Funke wird überspringen, und Sie werden Ihre Zuhörer besser überzeugen können.

Ein erfahrener Redner kann schon mit einer leichten Handbewegung sein Sprechtempo »in den Griff« bekommen.

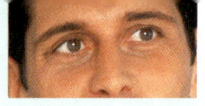

Beim Lächeln braucht der Mensch weniger Gesichtsmuskeln anzuspannen als für einen traurigen Gesichtsausdruck. Entspannen Sie also Ihre Gesichtsmuskulatur, und lächeln Sie oft!

Ein zugewandter, offener Körperausdruck ist auch für Gelenke und Muskeln die angenehmste und gesündeste Körperhaltung.

Mit Körpersprache zu mehr Gesundheit

Eine entspannte Körperhaltung und eine ausgewogene Körpersprache verbessern nicht nur die Ausstrahlung. Schon die Beispiele auf der Seite 45 zeigten, daß eine offene, zugewandte Körpersprache Muskeln und Gelenken gut tut. Auch Ihre Nerven beruhigen sich, sobald Sie die Schultern wieder frei hängen lassen, die Hände nicht mehr unbewußt zur Faust verschließen, die Zähne nicht mehr zusammenbeißen und Ihre Mimik lockerer wird.

Nach einem stressigen Tag, oder wenn Sie sich mißverstanden und unwohl fühlen, werden Sie nicht nur seelisch, sondern auch körperlich verspannt sein. Die Probleme beiseite zu schieben, sich davon frei zu machen wird Ihnen oft nur langsam gelingen. Doch mit der Rebel-Formel auf Seite 141 können Sie zumindest Ihren Körper wieder aufrichten. So bauen Sie Verspannungen ab, erholen sich körperlich (und dadurch auch seelisch) schneller, schlafen besser ein und verarbeiten damit den Ärger schneller.

Übung: Emotionen wie im Stummfilm

Ihre körperlichen Verspannungen können Sie auch dadurch lösen, daß Sie wie in einem Stummfilm allein durch die Körpersprache Ihren Emotionen freien Lauf lassen. Fühlen Sie sich überfordert oder ungerecht behandelt, so hilft es, wenn Sie mit der Faust auf den Tisch hauen, Ihren imaginären Kontrahenten mit einem stummen, aber sehr entschiedenen Fingerzeig aus dem Zimmer weisen, mit dem Fuß aufstampfen. Vielleicht finden Sie noch eine ganz andere Geste, die noch treffender Ihre Frustration, Ihre Wut oder Ihr Unverständnis zum Ausdruck bringt. Suchen Sie sich dazu einen Raum, in dem Sie ungestört sind, und steigern Sie sich ruhig etwas in dieses körpersprachliche Emotionsgewitter hinein. Denn es befreit Sie von angestauten Energien. Danach schütteln Sie Ihren ganzen Körper gut durch.

Eventuell lernen Sie hierbei auch, überzeugender Ihre Körpersprache auszudrücken, bestimmter aufzutreten und auch in schwierigen Situationen gerade zu stehen und nicht mehr den Kopf einzuziehen.

Entdecken Sie beispielsweise in Streßsituationen übertriebene Körpersignale an sich, wie eine geballte Faust oder eine in viele Falten gelegte Stirn, dann übertreiben Sie für fünf Sekunden dieses Körpersignal und lassen Sie dann die Muskeln wieder locker. Wiederholen Sie diese Übung im Abstand von einigen Minuten. Die Muskeln werden sich automatisch entspannen.

Welche Persönlichkeit drücke ich aus?

Meister der Körpersprache erkennen sehr schnell, ob Sie eher ein nachgiebiger oder fordernder Mensch sind. Sie wissen auch schon an Ihrem Gang, welchem Temperamentstyp Sie zuzuordnen sind. In diesem Abschnitt soll nicht der Fehler begangen werden, sich selbst anhand der eigenen Körpersprache in Schubladen zu stecken. Aber Sie werden erleben, daß schon wenige Bewegungen grundlegende Charakterzüge zu erkennen geben.

Glauben Sie, ein typischer Rechts- oder Linkshänder zu sein? Dann überlegen Sie mal, mit welchem Ohr Sie telefonieren und welche Hand beim Applaudieren auf der anderen liegt. Mit welcher Hand kratzen Sie sich in der Rückenmitte, welcher Unterarm liegt bei verschränkten Armen über dem anderen, und welcher Daumen ist bei Ihnen oben, wenn Sie die Hände falten? Nur wenige Menschen bevorzugen konsequent rechts oder links.

»Den Typ« gibt es nicht

Stimmen bei vielen Menschen bestimmte körperliche, geistige oder auch seelische Reaktionsweisen überein, so bezeichnet man dies oft als typisch. Einen Menschen allerdings als »den Typ« zu charakterisieren kann kaum gelingen. Schon der kleine Test in der linken Randspalte wird Ihnen vermutlich zeigen, daß Sie noch nicht mal ein typischer Rechts- oder Linkshänder sind. Nur wenige Menschen sind »reine« Rechts- oder Linkshänder. Die Übungen auf den nächsten Seiten sollen Sie nicht als Typen festnageln, sondern an einigen Charakterzügen Tendenzen aufzeigen. Wenn Sie sagen »Ich tendiere zu ...«, dann erkennen Sie Stärken und Schwächen und können bewußt damit umgehen.

Gehen Sie auf andere zu?

Kennen Sie auch noch die Erfahrung aus der Tanzstunde, daß immer dieselben sofort losrannten, wenn es darum ging, einen Tanzpartner aufzufordern, während andere eher unschlüssig sitzen blieben und dann mit denen tanzen mußten, die entweder viele Pickel im Gesicht oder keinen Rhythmus in den Beinen hatten? Es sind immer die gleichen, die aktiv auf andere zugehen, keine Angst davor haben, im Mittelpunkt zu stehen, oder weniger Rücksicht nehmen. Obwohl es auch hier viele Nuancen gibt, so sind das »Nach-innen-gerichtet-Sein« oder das »Aus-sich-Heraus-

Der Extrovertierte braucht viel Platz für sich.

Introvertierte beanspruchen möglichst wenig Platz für sich.

Mag es auch bei Extrovertierten und Introvertierten viele Nuancen geben, so zieht sich die jeweilige Grundtendenz doch durch das private wie berufliche Leben hindurch. Und sie wirkt sich auch entscheidend auf die Körpersprache des einzelnen aus.

gehen« natürliche Gegenpole menschlichen Handelns. Manch Introvertierter qualifiziert sich im Stillen und hofft, daß seine Werke entdeckt werden. Andere fühlen sich ständig zurückgesetzt und wissen nicht, warum. Die eher Extro-

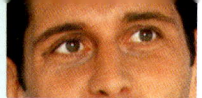

vertierten sind immer »in der ersten Reihe« zu finden und treten anderen schon mal auf die Füße, ohne es zu merken. Ob Sie introvertiert oder extrovertiert sind, läßt sich oft sehr schnell erkennen. Schauen Sie sich die beiden Foto-Beispiele auf der vorigen Seite an. Und dann stellen Sie sich vor, wie Sie gewöhnlich auf einem Sofa sitzen. Nehmen Sie viel Platz ein, oder versuchen Sie, möglichst wenig Platz zu besetzen? Oder ist das je nach Situation, Umfeld und Stimmung verschieden?

Wer immer »Ja« sagt, wirkt auf Dauer langweilig und wenig kompetent. Ein »Nein« zu rechten Zeit zeigt, daß man Sie ernst zu nehmen hat und daß Sie Situationen richtig einzuschätzen wissen. Wer immer nur »Nein« sagen kann, verwehrt sich dadurch jedoch ebenfalls Sympathie und Anerkennung.

Sind Sie ein Ja- oder Nein-Sager?

Fragen Sie sich hin und wieder, warum Ihr Chef oder Ihre Mutter immer zu Ihnen kommt, wenn etwas ganz Brandeiliges zu erledigen ist, und selten oder nie die Kollegen oder andere Verwandte einspringen müssen? Es könnte ja sein, daß Sie etwas von einem Ja-Sager-Typ ausstrahlen. Eine mögliche Antwort kann die folgende Übung geben. Es fällt Ihnen schwer, Nein zu sagen, und ein Ja kommt Ihnen viel schneller über die Lippen. Genauso haben Sie auch in Ihrer Körpersprache wenige »Vokabeln« für »Nein«, aber viele für »Ja«. Kein Wunder, daß jeder zuerst einmal lieber Sie anspricht. Bei Ihnen ist das Risiko, einen Korb zu bekommen, weniger groß. Auch einem typischen »Nein-Sager« kann es natürlich passieren, daß er sich über die Reaktionen der anderen wundert: Wenn er beispielsweise erst gar nicht gefragt wird, ob er für eine interessante Sonderaufgabe auch mal Überstunden macht oder das nächste Nachbarschaftsfest mitorganisiert. Die Ja-Nein-Übung wird Ihnen demonstrieren, ob Sie zum Ja-Sager- oder Nein-Sager-Typ tendieren. Sie werden gleichzeitig lernen, wie Sie auch bewußt körpersprachlich ganz deutlich »Ja« oder »Nein« signalisieren können.

Die Ja-Nein-Übung

Suchen Sie sich einen Partner aus, mit dem Sie diese Übungen gerne machen würden. Das kann Ihr Ehepartner sein, ein Freund oder eine Freundin, auch ein älterer Sohn oder eine Tochter. Bei dieser Übung wird nur »Ja« oder »Nein« gesagt. Sie vereinbaren, wer der »Ja-Sager« und wer der »Nein-Sager« ist. Dann stellen Sie sich gegenüber auf. Jeder

Bei der Ja-Nein-Übung testen Sie aus, mit welchen Körpergesten Ihnen ein »Nein« oder ein »Ja« am leichtesten fällt.

muß seine Rolle so variantenreich wie möglich spielen, indem der eine mit »Ja« anfängt und der andere immer mit »Nein« antwortet. Sprechen, flüstern, schreien Sie sich ausschließlich diese beiden Wörter zu. Sie können dabei fordernd, unterwürfig, charmant, frech, witzig oder vertrauensvoll sein. Legen Sie allen Ausdruck in Stimme und Gestik. Nach etwa einer Minute wechseln Sie die Rollen und Standorte. Haben Sie auch dies eine Weile durchgespielt, verzichten Sie ganz und gar auf die Stimme und drücken das »Ja« oder »Nein« allein mit Gestik und Mimik aus. Wiederum tauschen Sie nach einer Zeit die Positionen. In dieser stummen Variante der Übung kommen Sie noch viel stärker an Ihre Gefühle heran und lernen, ob Ihre Körpersprache besser das »Ja« oder das »Nein« zum Ausdruck bringen kann.

Die junge Frau auf dem Foto muß schon ihre ganze Körpersprache einsetzen, um ihr »Nein« durchzuhalten. Sie klammert sich mit Blick und Händen fest und wendet sich von ihrem bittenden Partner ab, um nur nicht schwach zu werden. Ein überzeugtes »Nein« können Sie Ihrem Gegenüber auch offen ins Gesicht sagen.

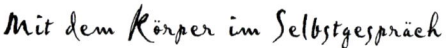

Auch mit dem Körper einen Standpunkt einnehmen

In der Ja-Nein-Übung sind Sie sehr aktiv und kreativ. Sie nehmen wahr, wie gut Sie die Rolle des Ja- oder des Nein-Sagers spielen. Rasch werden Sie bei dieser Übung merken, was Ihnen leichter fällt. Gehören Sie zu den Personen, die andern schnell einen Gefallen tun, wenn gefragt wird: »Kannst Du das bitte mit zur Post nehmen?«, obgleich Sie in eine ganz andere Richtung wollen. Oder gehören Sie zu denen, die dann sagen: »Nein, ich kann jetzt wirklich nicht.« Das Wichtigste an dieser Übung ist, Gestik und Mimik so einzuüben, daß Sie zwischen den Typen wechseln können und genauso überzeugend wie Sie »Ja« sagen auch ein »Nein« herausbringen. Prägen Sie sich die einzelnen Körperhaltungen ein, indem Sie während der Übung vereinbaren, nach jedem »Ja« oder »Nein« kurz zu stoppen, um Gestik und Mimik genauer wahrzunehmen.

Beobachten Sie bei der Ja-Nein-Übung gleichzeitig mit Ihren Gefühlen auch die des Partners, und sprechen Sie sich danach darüber aus, ob der Partner in der Ja- oder in der Nein-Rolle überzeugender war.

Welche Temperatur hat Ihr Charakter?

Der Charakter des Menschen wird geprägt durch viele Eigenschaften wie warm, kalt, verständnisvoll, ordentlich, selbstsicher, abenteuerlustig oder ehrgeizig. Wie seine Eigenschaften in Gefühlsbewegungen umgesetzt werden, hängt von der Dynamik, der Temperatur der Gefühle, dem Temperament ab. Das Wort »Gefühlsbewegung« allein sagt schon aus, daß der Körper mit seinen Bewegungen ein guter Botschafter ist, um das Temperament eines Menschen zu bestimmen. Am ältesten sind die Temperamentsbeschreibungen des griechischen Arztes Hippokrates (460 – 375 v. Chr.), die bis heute eingesetzt werden.

Die vier Temperamente	
Der heitere Mensch	Sanguiniker
Der traurige Mensch	Melancholiker
Der aufbrausende Mensch	Choleriker
Der schwerfällige Mensch	Phlegmatiker

Natürlich ist niemand ständig nur heiter oder traurig. Auch hier werden Sie feststellen, daß Sie sicher zu einem Misch- typ gehören. Außerdem wird sich jeder im Alltag bemühen, nicht aufbrausend oder schwerfällig zu wirken. Jeder gibt sich häufig ganz anders, als er eigentlich ist. Aber in bestimmten Situationen erkennen Sie deutlich, daß eines der Temperamente überwiegt.

Denken Sie an gefühlsmäßige Ausnahmesituationen. Wenn Sie beispielsweise großes Glück hatten. Oder ganz im Gegenteil, Sie mal einen wichtigen Termin vergessen haben, Ihnen in Ihrer Arbeit etwas mißlungen ist. Oder Sie stellen sich vor, wie Sie in einem Streitgespräch auftreten: Immer wird sich in sehr emotionsgeladenen Momenten das Ihnen eigene Temperament besonders deutlich zeigen. In diesen Augenblicken werden Sie vielleicht nur für Minuten Ihre »Fassung verlieren«, und Sie können dann ganz klar feststel- len, ob Sie ein eher heiter-gelassener, feuriger, traurig- melancholischer oder kühler Typ sind.

Temperament und Körpersprache

Die Fotos auf den nächsten vier Seiten und die dazu gehörenden Beschreibungen werden Ihnen helfen, sich selbst besser einzuordnen. Holen Sie sich dabei auch Ihren Partner, Kollegen oder Nachbarn vor Ihr inneres Auge, und versuchen Sie, ihn tendenziell einem der vier Tempera- mente zuzuordnen. Am besten wird es Ihnen gelingen, wenn Sie sich die Menschen mit ihrem typischen Gang vor- stellen. Sind die Schritte eher unbeschwert oder getragen, hektisch und etwas unkoordiniert oder aber leicht am Boden schleifend?

Teilen Sie dabei die vier Temperamente aber nicht in gute und schlechte auf. Schließlich kann ein immer nur fröhli- cher Mensch schnell oberflächlich und belanglos sein, der auf den ersten Blick nur schwer erträgliche Choleriker steckt voller Tatkraft und Energie, ein schwerfälliger Mensch strahlt Gelassenheit aus, und der eher etwas Traurige kann sich gut konzentrieren.

»Charakter: Gesamtheit der geistig-seelischen Eigenschaf- ten, individuelles Gepräge eines Menschen«
Duden

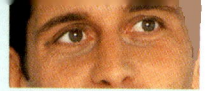

Der heitere Mensch (Sanguiniker)

!

Den Sanguiniker erkennen Sie auch an seiner aufrechten Haltung, seinen lebendigen Bewegungen und am klaren Klang seiner Sprache.

Seine Bewegungen sind nach außen gerichtet. Die Arme schwingen nach vorne: Dieser Typ geht gerne aus sich heraus, ist kontaktfreudig und gesellig. Er gibt offen seinen Körper preis, schützt sich nicht durch vorgelagerte Arme, zieht die Schultern nicht ein und beugt auch nicht den Rücken vor wie einen Schutzschild. Er zeigt lebhaftes Interesse, indem er mit geradem, wachem Blick nach vorne schaut.

Seine Körperhaltung ist lässig und leicht, er scheint fast zu schweben, denn ein Sanguiniker läßt sich selten von Sorgen einfangen und belasten. Ein anderer Charakterzug dieses Temperamenttyps liegt darin, daß er den Ton angeben will. Dies zeigt sich an seiner erhobenen Stirn und an seinen Armen, die anpackend und aktiv nach vorne gerichtet sind.

Der traurige Mensch (Melancholiker)

Die vier Temperamente kann man sich auch durch die vier Elemente verdeutlichen: Feuer steht für den Choleriker, Wasser für den Phlegmatiker, Erde für den Melancholiker und Luft für den Sanguiniker. Welchen Elementen stehen Sie spontan am nächsten? Sind Sie eher feurig, ein Luftikus, haben Sie etwas Erdiges, oder sind Sie innerlich mit dem Wasser verwandt?

Seine Bewegungen sind zurückhaltend und in sich gekehrt. Die eingezogenen Schultern, der leicht gebeugte Rücken und der geneigte Kopf — alles wirkt wie unter einer schweren Last.

Der Blick ist nach unten gerichtet, Blickkontakte finden selten statt. Darin spiegelt sich auch der ängstliche Anteil eines Melancholikers wider.

Zugleich zeigt sich in der abgewandten Augen- und Kopfhaltung, daß ein Melancholiker wenig soziales Interesse entwickelt, introvertiert und wenig kommunikativ ist.

Hände und Arme liegen oft eng am Körper an. Selten holt der Melancholiker zu weiten Körperbewegungen aus. Meist sind seine Gesten nur knapp und unscheinbar. Auch darin erweist er sich als zurückhaltend und schweigsam.

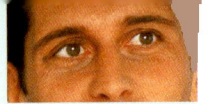

Der aufbrausende Mensch (Choleriker)

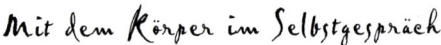

Ein Prototyp des Cholerikers ist das Rumpelstilzchen im gleichnamigen Märchen der Gebrüder Grimm.

Seine Bewegungen sind wie seine Gefühlsausbrüche: impulsiv und aktiv. Er besitzt eine sehr lebhafte Körpersprache mit weit ausholenden Bewegungen, die aber oft unruhig und wenig harmonisch wirken.

Selten werden Sie einen Choleriker sehen, der längere Zeit ruhig und gelassen steht. Auch darin drücken sich der häufig schnelle Wechsel seiner Gefühle und seine ständige innere Anspannung aus.

Achten Sie darauf, wie die Hände zur Faust geballt sind und die Zähne gezeigt werden. Daran erkennen Sie eine stets vorhandene Aggressivität und aufgestaute Energie. Sein Blick ist fixierend, seine Bewegungen sind kraftvoll. Beides charakterisiert recht deutlich sein extrovertiertes Verhalten.

Der schwerfällige Mensch (Phlegmatiker)

TIP

Konnten Sie sich einem der vier Temperamente zuordnen? Sicherlich haben Sie von allem etwas! Doch überlegen Sie sich, in welchen Situationen Sie eher zu einem bestimmten Temperament tendieren und ob sich das auch in Ihrer Körpersprache ausdrückt.

Seine Bewegungen sind passiv, als würde er nicht aus einem inneren Impuls heraus handeln, sondern von einer nicht sichtbaren äußeren Kraft gezogen oder geschoben werden.
Sein ganzer Körperausdruck, die seitlich herabhängenden Schultern, die eng anliegenden Arme zeichnen das Bild eines eher introvertierten, ruhigen Typen, der fest auf der Erde steht. Der Blick wirkt nachdenklich, aber nicht ängstlich.

Ebenso sind die seitlich herabhängenden Arme ein Zeichen dafür, daß der Phlegmatiker friedlich in sich ruht und nicht meint, sich vor anderen schützen zu müssen.
Ein ruhiger, leicht schleppender Gang ist ebenfalls ein gutes Kennzeichen für den in sich gekehrten, gutmütigen Charakter dieses Temperamentes.

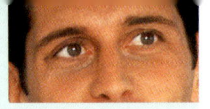

Entdecken Sie Ihre Bewegungstypen

Der geniale Tanzpädagoge Rudolf von Laban hat in den 30er Jahren im Auftrag der englischen Regierung erforscht, daß alle Menschen sich nach acht dynamischen Grundmustern bewegen. Diese sind von Kindheit an tief im Unterbewußtsein verankert und hängen aufs engste mit der Psyche zusammen. Sie prägen das äußere Auftreten eines Menschen und vermitteln damit einen wesentlichen Eindruck über die Persönlichkeit und den Charakter.

Die Stärken und Schwächen einzelner Dynamikformen können hier nur grob skizziert werden. Wenn Sie lernen, zwischen möglichst vielen Bewegungsmustern zu wählen, können Sie die gesundheitlichen und seelisch-geistigen Folgen vermeiden, die sich bemerkbar machen, wenn Sie eine Dynamikform einseitig ausprägen.

Die eigenen Bewegungsmuster erkennen

Jeder hat von den acht dynamischen Grundmustern zwei oder drei besonders ausgeprägt, mit denen er hauptsächlich seine alltäglichen Arbeiten ausführt, sei es Zähneputzen, der Griff zum Telefonhörer oder Tanzen. Welche der acht Grundmuster ein Mensch dabei verwendet, wird von der Psyche beeinflußt und sagt viel über seine Persönlichkeit aus. So macht sich zum Beispiel fast jeder unwillkürlich einen Eindruck über einen neuen Kollegen am ersten Arbeitstag aufgrund seiner Bewegungsdynamik. Ob er zielgerichtet und ausdauernd handelt, Verantwortung tragen kann, kontaktfreudig oder hektisch ist. Die Dynamikformen auch an sich selbst zu erkennen, verhilft Ihnen dazu, mehr über Ihren Führungsstil und Ihre Kommunikationsfähigkeit zu erfahren. Sie können besser feststellen, wer zu Ihnen paßt oder für welche Beschwerden Sie aufgrund eventuell einseitig ausgeprägter Dynamikmuster prädestiniert sind. Nachfolgend sind die acht dynamischen Grundformen erläutert. Finden Sie Ihre zwei bis drei bevorzugten Stärken. Machen Sie dazu die charakteristischen Bewegungen zuerst mit den Händen, dann mit dem ganzen Körper und Ihrer Stimme. Entdecken Sie, welche Bewegungen Ihnen fremd oder geläufig sind. Sie können sich auch darüber austauschen, ob diese Bewegungen für Sie typisch sind und Ihrem Charakter entsprechen.

Die acht Dynamikformen

Drücker und Stoßer kann man daran unterscheiden, daß sie ihre kraftvollen Bewegungen unterschiedlich schnell ausführen: Stoßer sind schnell und zupackend, Drücker besitzen dagegen mehr Ausdauer und Ruhe.

Drücken

ist eine direkte, allmähliche und kräftige Bewegung, so als würde man beispielsweise einen schweren Gegenstand langsam wegschieben. Aber auch mit dem ganzen Körper, mit dem Rumpf, den Armen, Knien und Beinen können Sie diese Bewegung ausführen. Typische Drücker gelten aufgrund ihres Bewegungsmusters als kraftvoll und ausdauernd. Sie sind zuverlässig, bodenständig und zielbewußt, dadurch allerdings auch angespannt. Sie setzen sich und andere oft unter Druck. So kommt es zu Kopfschmerzen, häufig sind Nacken und Schultern eines Drückers verspannt.

Stoßen

ist eine direkte, plötzliche und kräftige Bewegung. Ballen Sie dazu die Hand zur Faust und stoßen Sie damit gerade auf ein Ziel zu. Oder stampfen Sie mit den Füßen. Auch mit Ellbogen, Knien, Kopf und Schultern und Hüfte können Sie ruckartig stoßen.
Stoßer sind zumeist schnell zupackend und voller zielgerichteter Energie. Ihr Temperament steckt andere an. Allerdings können Stoßer dabei auch rücksichtslos werden. Stoßer schonen sich nicht: Sie leiden daher unter Atem-, Herz- und Kreislaufproblemen und verschleißen Nerven, Bandscheiben und Gelenke.

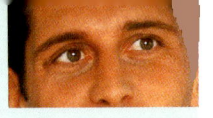

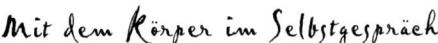

Beobachten Sie Menschen, die immer wieder eine Serviette oder ein Tischtuch glätten, dann haben Sie vermutlich einen Gleiter vor sich, klopft er hingegen gerne mit den Fingern, dürfte es ein Tupfer sein.

Gleiten

ist eine direkte, allmähliche und zarte Bewegung. Gleiten Sie mit den Handflächen, als würden Sie die Hände eincremen. Nehmen Sie dieses Gleiten mit Ellbogen, Schultern und Brust auf.

Ein Gleiter drückt in seiner Bewegung aus, daß er anpassungsfähig und hilfsbereit ist, sich gut auf andere Menschen und deren Ideen einstellen kann. Gleichzeitig wirkt dieser Bewegungstyp auf andere oft unterwürfig und anbiedernd. Seine langsamen, eher kraftlosen Bewegungen verleihen dem Gleiter wenig Kondition. Erfahrungsgemäß leiden Gleiter unter Abwehrschwäche, besitzen aber ein gutes Atem- und Nervensystem.

Tupfen

ist eine direkte, plötzliche und zarte Bewegung. Typischerweise führt man diese federndelastische Dynamik mit den Fingern beim Schreibmaschineschreiben aus. Ein Tupfer tupft auch unwillkürlich mit der ganzen Hand, mit der Schulter oder dem Kopf.

Tupfer sparen zwar mit ihrer Energie, kommen aber genauso schnell ans Ziel wie Stoßer. Sie schonen damit Körper und Seele. Typisch ist eine etwas leise Stimme. Tupfer sind präzise im Denken und Handeln, wirken jedoch oft »kleinkariert« und gelten als pingelige Erbsenzähler. Sie können Muskelschwäche und einen niedrigen Blutdruck haben.

Wringen

ist eine flexible, allmähliche und kräftige Bewegung, typisch für das Auswringen von Wäsche. Probieren Sie das Wringen mit Ihrem ganzen Körper aus, zum Beispiel beim Räkeln. Führen Sie auch nur mit Armen, Schultern und Rumpf diese kraftvolle, leicht drehende Bewegung durch. Das bringt Kraft und Ausdauer. Wringer winden sich gerne auch innerlich um Entscheidungen herum, wollen alles genau betrachten. Sie gelten als zuverlässig. Wringer gehen kaum aus sich raus, »fressen« emotional viel in sich hinein und haben daher häufig Magen-, Darm- und Rückenprobleme. Sie neigen zu Bluthochdruck.

Peitschen

ist eine flexible, plötzliche und kräftige Bewegung. Werfen Sie einen Arm weit nach vorne, eventuell den anderen Arm zur Seite. Üben Sie diese Dynamik auch mit Ellbogen, Schultern oder Kopf.
Sie merken sofort: Peitscher haben »Show-Talente«. Sie lenken sehr schnell alle Blicke auf sich, wirken allerdings ebenso schnell oberflächlich und unzuverlässig.
Ihre kräftigen, ruckartigen Bewegungen deuten auf eine hohe körperliche und geistige Reaktionsfähigkeit, erzeugen auf Dauer aber Probleme mit Gelenken. Bei typischen Peitschern ist außerdem oft der Blutdruck erhöht.

Im Gegensatz zum Gleiten und Tupfen sind Wringen und Peitschen flexible Bewegungen. Das heißt, daß die Bewegungen rund sind und keine gerade Linie zeichnen.

63

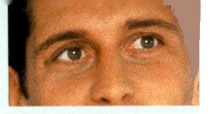

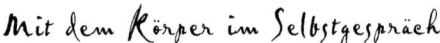

Sowohl Schweber wie Flatterer wird man häufig an weiten, ausladenden Armbe-
wegungen erkennen. Der
Schweber wirkt dabei aber
eher ruhig und sanft, ein Flatterer energiegeladen oder
leicht hektisch. Ein typischer
Flatterer wird beispielsweise
häufiger mit den Fingern
schnipsen oder in die Hände
klatschen als ein Schweber.

Schweben

ist eine flexible, langsame und
zarte Bewegung. Lassen Sie die
Arme nach oben, seitwärts und
nach unten schweben. Führen
Sie dabei Schultern und Kopf
mit, als würden Sie ein langsames Musikstück dirigieren.
Ein Mensch, der solche Bewegungen häufig unwillkürlich
ausführt, wird selten über
Rücken- und Gelenkschmerzen
klagen. In seinen Gesten deutet
er viel Phantasie an, er ist körperlich wie geistig flexibel und
sprachgewandt.
Diese fliegenden Bewegungen
können ihn aber als »abgeho-
ben« abstempeln. Es kann sein,
daß er seltener auf die Nöte
anderer achtet und deshalb
Kontaktschwierigkeiten hat.

Flattern

ist eine flexible, schnelle und
zarte Bewegung.
Drehen Sie Handgelenk und
Finger ganz leicht so, als würden Sie ein Stäubchen von Ihrer
Kleidung abklopfen. Nehmen
Sie dann auch die Schulter
dazu. Und führen Sie eine solche Bewegung auch mit dem
Kopf und den Füßen aus.
Ein Flatterer scheint immer
»locker« drauf zu sein. Er fühlt
sich leicht und gelöst, wirkt
aber unzuverlässig und hat
wenig Ausdauer für langfristige
Projekte.
Ein typischer Flatterer leidet
selten unter Muskelverspan-
nung. Jedoch nutzen sich seine
Sehnen und Gelenke durch die
vielen schnellen Bewegungen
leicht ab.

Mit seiner Dynamik richtig umgehen

Nun wissen Sie, was Ihnen besonders gut liegt. Jeder Bewegungstyp hat seine Vorzüge, aber auch seine Nachteile. Je mehr dynamische Qualitäten ein Mensch anwendet, desto weniger einseitig belastet er seinen Körper, und desto facettenreicher erscheint seine Persönlichkeit. Wenn Sie Ihre Dynamik durch zusätzliche Varianten erweitern, öffnen sich Ihnen neue Türen zu mehr Erfolg und Gesundheit.

Neue Bewegungsmuster finden

Üben Sie jetzt die anderen Bewegungsmuster. Beginnen Sie mit denen, die Ihrer Dynamik ähnlich sind. Ähnliche Bewegungsqualitäten sind Flattern und Schweben, Gleiten und Tupfen, Stoßen und Drücken oder Wringen und Peitschen. Im Idealfall können sich Ihr Körper und Ihr Gefühl mit allen acht Bewegungen anfreunden. Wenn Sie dann zum Beispiel morgens mit Musik das ganze Programm mehrmals durchtanzen und ideenreich improvisieren, haben Sie ein wunderbares Fitneßprogramm für Körper, Geist und Seele.

Oft wurden die Bewegungsmuster von den Eltern oder anderen Vorbildern übernommen. Doch kann jeder lernen, auch andere Bewegungsmuster zu verinnerlichen.

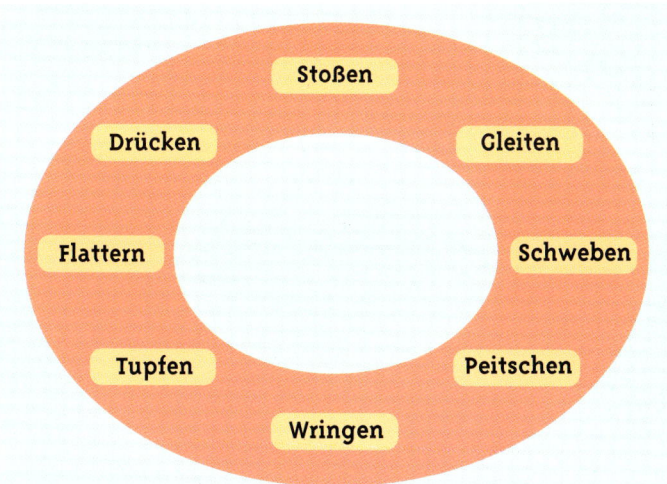

Das Dynamik-Gymnastik-Programm

Stoßen

Drücken

Gleiten

Flattern

Schweben

Tupfen

Peitschen

Wringen

Die oben beschriebenen Dynamikbewegungen führen Sie nacheinander mit dem ganzen Körper je zwei bis drei Minuten aus.

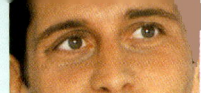

Dynamiktypen im Team

Genauso wie ein Mensch, der über unterschiedliche Dynamikformen verfügt, mehr ausdrücken kann, wird auch ein Team, sei es in der Familie oder am Arbeitsplatz, sich ergänzen und bereichern, wenn es aus Menschen mit unterschiedlichen Bewegungstypen besteht. Dabei sind Gegensätze, also Schweber und Stoßer, Gleiter und Peitscher, Tupfer und Wringer sowie Flatterer und Drücker, sicher schwierige Partner. Sie sollten nur ein Zweierteam bilden, wenn ihre übrigen Dynamikmuster sich besser entsprechen. Dann können sie sich in ihren Vorteilen sehr gut ergänzen und Nachteile möglicherweise aufheben. So werden oberflächliche Peitscher wohl kaum gut mit zielbewußten, strebsamen Drückern zusammenarbeiten. Hätte der nach außen zielende Peitscher aber auch noch zielstrebige Stoßerqualitäten und erweist sich der Drücker eventuell auch als anpassungsfähiger Gleiter, so wären sie vermutlich ein harmonisches Team mit viel Wirkung nach außen.

Um es einfacher und übersichtlicher zu beschreiben, wird hier außer acht gelassen, daß die meisten Menschen Mischtypen aus zwei bis drei Bewegungstypen sind. Bei der Beurteilung des richtigen Partners oder Mitarbeiters sind allerdings solche Vereinfachungen nicht erlaubt.

Spielen Sie Gruppenleiter.

Gute Führungskräfte zeichnen sich beispielsweise durch die Kombination der drei dynamischen Qualitäten Stoßen, Schweben und Gleiten aus. Der Stoßer hat die nötige zielgerichtete Energie. Der Schweber in ihm hat Phantasie, kann flexibel reagieren und sich gut ausdrücken. Und der Gleiter erweist sich als guter Begleiter seiner Abteilung. Anhand des Dynamik-Modells würde sich das Repertoire gut durch Flattern und Tupfen erweitern, um auch bei Problemen locker zu bleiben, weniger Ellbogen einzusetzen und mit weniger Energieaufwand dasselbe zu erreichen.

Als Leiter können Sie sich dann überlegen, wen Sie mit Aufgaben betrauen, die schnell gelöst werden müssen. Es sollten starke, plötzliche Dynamiktypen sein, also Stoßer oder auch Tupfer. Und wer soll eine Konzeption nochmals prüfen? Der Typ muß sehr genau und ruhig sein. Wringer und Drücker wären die richtigen. Und ein Team, das eine neue Idee entwickeln soll, sollten Sie vor allem aus Tupfern, Schwebern, Flatterern und Peitschern zusammensetzen. So können Sie sich der Ausdauer, Phantasie, Power und Motivation Ihres Teams sicher sein.

Zusammen bilden sie ein starkes Team: Erfolgreich und flexibel bringt jede ihre unterschiedliche Dynamik in die Arbeit ein.

!

Stoßer und Drücker bilden ein Erfolgsteam für schwierige Projekte. Im Stoßer und Drücker verbinden sich motivierende Energie und prüfender Blick, um sicher zum Ziel zu kommen.

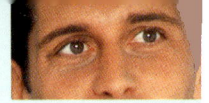

Welcher Sinnestyp bin ich?

Durch die »Grundsteinlegung« der Gene und durch die Erziehung bevorzugt jeder ganz bestimmte Sinneskanäle zum Senden und Empfangen. Es gibt Menschen, die vor allem über das Auge leben und auch oft erzählen, was sie gesehen haben. Andere hören sehr viel differenzierter und erinnern sich beispielsweise an eine Situation noch nach Jahren, wenn die gleiche Melodie im Radio gespielt wird, die sie auch damals gehört haben. Ein Dritter erlebt seine Umwelt stärker über das Fühlen und kann sehr genau seine Gefühle beschreiben.

Der Fühl-Typ schenkt nicht nur dem äußeren Fühlen von Wind, Wärme oder Härte, sondern auch dem Fühlen von Atmosphäre und Stimmungen große Beachtung.

Kanäle für die Körpersprache

Im NLP unterscheidet man Seh-, Hör-, Fühl-, Schmeck- und Riech-Typen. Jeder gesunde Mensch hat Antennen für all diese Sinne. Diese Antennen sind allerdings ganz unterschiedlich sensibel. Wichtig zum Senden und Empfangen der Körpersignale ist insbesondere das Hören, Sehen und Fühlen. Der »Hauskauf-Test« wird Ihnen zeigen, wo Ihre Stärken und Schwächen liegen. Sind Sie ein beispielsweise ausgeprägter Hör-Typ, dann achten Sie vor allem auf die Stimmlage Ihres Gesprächspartners, werden aber auch selbst besonderen Wert auf eine wohlklingende Stimme und die richtige Betonung Ihrer Worte legen. Auf nur sicht- oder fühlbare Signale anderer achten Sie dann vermutlich weniger. Und auch auf Ihre eigenen Botschaften, die Sie durch Bewegung oder die Auswahl Ihrer Kleider geben, legen Sie keinen allzu großen Wert. Die Auflösung des Tests wird Ihnen sagen, welche Sinne bei Ihnen besonders sensibel sind und welche Sie stärker aktivieren sollten, um sich auch ohne Worte auf allen Sinneskanälen besser zu verständigen.

Der Hauskauf-Test

In drei kurzen Texten werden Ihnen drei Häuser beschrieben. Lesen Sie die Texte durch, und entscheiden Sie dann, welches der drei Häuser Sie kaufen würden, um sich darin wohl zu fühlen.

Hauskauf-Test

❶ Das erste Haus fällt Ihnen sofort ins Auge durch seine reichge-gliederte Fassade. Sie erkennen auf den ersten Blick, daß der Besitzer sein volles Augenmerk der Gestaltung des Innenhofs wie auch des weitläufigen Gartens gewidmet hat. Schauen Sie sich in den fünf Zimmern des Wohnbereichs um, dann werden Sie immer wieder Details entdecken, die das Auge entzücken. Durch die hellen Fenster können Sie den Ausblick genießen auf ein malerisches Stadtviertel, in dem nur selten ein Auto zu sehen ist. Durch die übersichtliche architektonische Gestaltung haben die Wohnräume an Weite gewonnen. Es ist offensichtlich, daß dieses bildschöne Haus seinen Preis wert ist.

❷ Das zweite Haus ist äußerst ansprechend. Es liegt in einem ruhigen Viertel, und das Zwitschern der Vögel ist oft das einzige Geräusch, das hier zu hören ist. Wenn sich auf Ihr Klopfen das Tor öffnet und Sie zunächst durch den lauschigen Innenhof in den Garten treten, werden Sie die Stille genießen. Die Inneneinrich-tung zu beschreiben ist fast unmöglich: Sie könnte aus einem Märchenbuch stammen und erzählt so viel über die Geschichte dieses Hauses. Sie werden sich vielleicht fragen, wie jemand diese Fülle von Gegenständen so harmonisch aufeinander abstimmen konnte. Überlegen Sie gut, wie Sie auf dieses Kaufangebot ant-worten werden.

❸ Das dritte Haus ist solide gebaut und vermittelt dem Besucher spontan das Gefühl wohltuender Behaglichkeit. Mit seinen vielen Räumen ist es geräumig genug, um den Eindruck uneinge-schränkter Bewegungsfreiheit zu geben. Gleichzeitig erzeugt die Wärme des geschmackvollen Inventars eine sehr entspannte Gemütlichkeit. Das Gebäude umschließt einen Hofraum, der geprägt ist durch anheimelnde, italienisch anmutende Rundbö-gen. Von dort geht es in den Garten, der im Sommer angenehme Kühle und Erholung spendet. Selten kommen Sie in Kontakt mit einem Platz, der den Besucher derart berührt. Sie können sicher nachempfinden, wie sehr es dem Verkäufer am Herzen liegt, daß dieses Haus in gute Hände gelangt.

Lesen Sie die kurzen Beschrei-bungen der Häuser durch, und entscheiden Sie sich spontan für ein Haus. An der Art und Weise, wie Sie Ent-scheidungen treffen, können Sie sehr gut erkennen, welche Sinneskanäle Sie bevorzugen.

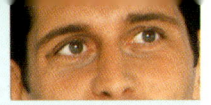

Lesen Sie sich die kurzen Hausbeschreibungen auf der vorigen Seite nochmals durch. Sie werden dabei erkennen, daß immer dasselbe Haus mit ganz unterschiedlichen Wörtern beschrieben wurde. Seh-Typen sagen »übersichtlich« oder »bildschön«, Hör-Typen eher «ansprechend« oder »harmonisch«, und Fühl-Typen werden häufig von »entspannt« oder »angenehm« sprechen.

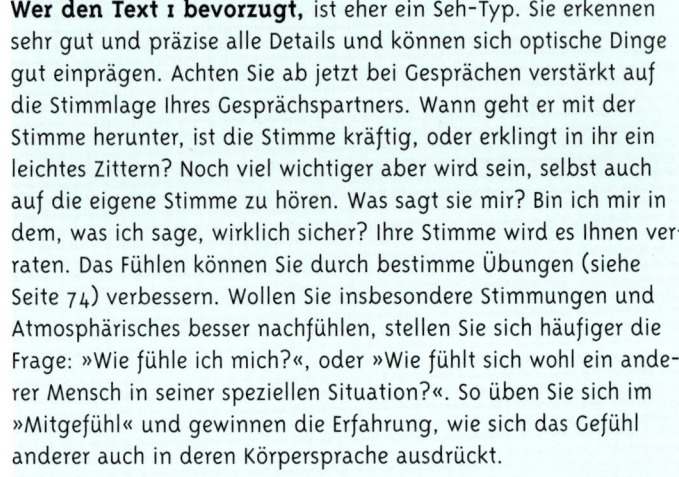

Auflösung des Hauskauf-Tests

Wer den Text 1 bevorzugt, ist eher ein Seh-Typ. Sie erkennen sehr gut und präzise alle Details und können sich optische Dinge gut einprägen. Achten Sie ab jetzt bei Gesprächen verstärkt auf die Stimmlage Ihres Gesprächspartners. Wann geht er mit der Stimme herunter, ist die Stimme kräftig, oder erklingt in ihr ein leichtes Zittern? Noch viel wichtiger aber wird sein, selbst auch auf die eigene Stimme zu hören. Was sagt sie mir? Bin ich mir in dem, was ich sage, wirklich sicher? Ihre Stimme wird es Ihnen verraten. Das Fühlen können Sie durch bestimme Übungen (siehe Seite 74) verbessern. Wollen Sie insbesondere Stimmungen und Atmosphärisches besser nachfühlen, stellen Sie sich häufiger die Frage: »Wie fühle ich mich?«, oder »Wie fühlt sich wohl ein anderer Mensch in seiner speziellen Situation?«. So üben Sie sich im »Mitgefühl« und gewinnen die Erfahrung, wie sich das Gefühl anderer auch in deren Körpersprache ausdrückt.

Wer den Text 2 bevorzugt, ist ein Hör-Typ, der viel Wert auf die Sprache legt. In dem Klang und der Melodie Ihrer Sprache schwingt immer auch viel von Ihren Gefühlen mit. Genauso können Sie auch bei anderen weit mehr aus deren Sprache heraushören, als Ihnen mit Worten gesagt wurde. Sie können lernen, auch optische Körpersignale stärker wahrzunehmen und bewußter mit manchmal winzigen Bewegungen des eigenen Körpers Ihre Gefühle auszudrücken. Ebenso wie beim Seh-Typ können auch Sie versuchen, Ihre »Fühler-Qualitäten« auszubauen, also sich mehr für die eigene Gefühlswelt und die der anderen zu öffnen.

Wer den Text 3 bevorzugt, ist ein Fühl-Typ. Sie fassen alles gerne an, nehmen als erster die Wärme der Sonne wahr oder die Gefühle anderer. Sie sind sensibel für die guten und schlechten Energien in einer Gruppe und legen immer großen Wert auf eine gute Stimmung. Dagegen sind Ihnen optische wie akustische Signale weniger wichtig. Hin und wieder übersehen oder überhören Sie auch eindeutige Botschaften, erkennen nicht den leicht fragenden Ton und den skeptischen Blick Ihres Gesprächspartners. Lesen Sie die Hinweise oben beim Seh- und Hör-Typ.

Der Körper lügt nicht

Ein sorgfältiger Blick
auf die Körpersprache
Ihres Gesprächspartners
verrät Ihnen oft mehr,
als ihm lieb ist. Denn
gar nicht selten wird
das gesprochene Wort
von der Körpersprache
als Lüge enttarnt.

Geschultes Wahrnehmen will gelernt sein

Die Körpersprache eines anderen Menschen können Sie nur dann wirklich begreifen und richtig interpretieren, wenn Sie Ihrem Gesprächspartner mit wachen Ohren, aufmerksamen Augen und auch mit sensibler Nase begegnen. Sogar den Tastsinn können Sie bemühen, um einen anderen besser einzuschätzen. Denn oft merken Sie schon am weichen oder festen, zögerlichen oder kräftigen Händedruck, wie es um den anderen steht.

Ein Händedruck verrät mehr als viele Worte

Wahrnehmung bedeutet, einer Sache Aufmerksamkeit zu schenken

Wenn Sie glauben, Körpersprache sei ein Buch mit sieben Siegeln, so werden Sie in diesem Kapitel erfahren, wie einfach es oft ist, Körpersprache zu interpretieren. Nur haben viele es nie gelernt, auf die Signale zu achten, die der andere unwillkürlich aussendet und mit denen er etwas zum Ausdruck bringt, was er freiwillig vielleicht nie zugeben würde. Wer kennt nicht das Beispiel der feuchten Hände: Sie wissen selbst sehr genau, daß Ihre Hände immer dann feucht werden, wenn Sie sehr aufgeregt sind oder unter Spannung stehen. Jeder merkt es an sich selbst und weiß meist sofort, woher die feuchten Hände rühren. Doch wie oft haben Sie selbst schon darauf geachtet, wie feucht die Hand des anderen sich anfühlt, die Sie bei einem einfachen Händedruck für eine Sekunde kurz ergreifen?
Solch ein simpler Händedruck könnte Ihnen viel mehr verraten, als Sie bislang dachten. Machen Sie es sich in den nächsten Tagen zur Gewohnheit, bewußt darauf achtzugeben, wie Ihnen jemand die Hand gibt, ob diese Hand sich warm oder kalt, feucht oder trocken, hart oder weich anfühlt. Achten Sie vielleicht auch auf die Armbewegung, mit der die Hand Ihnen entgegengestreckt wird. Ist sie schnell oder gar hastig, zögernd oder so vorsichtig, daß Sie die Hand des anderen fast zu sich ziehen müssen? Schon eine einzige Begrüßungsgeste gewährt also einen großen

Mit jedem Händedruck können Sie Ihren Gesprächspartner auch mit dem Tastsinn wahrnehmen und besser verstehen.

Einblick in das Temperament und die Gemütsverfassung des anderen. Es kommt nur darauf an, wie genau Sie jedes Detail beobachten. Sie werden entdecken, wie Sie andere allein durch den alltäglichen Händedruck besser kennenlernen. Fühlt er sich bedrohlich fest an oder unsicher wie ein Stück Gummi? Umschließt jemand beim Händedruck Ihre Hand auch noch mit seiner zweiten, dann wirkt dieser Mensch oft »übergreifend« und anmaßend.

Denken Sie allerdings daran, daß natürlich auch Ihr eigener Händedruck sehr viel über Sie aussagt. Leider ist es sehr schwer, selbst zu beobachten, ob der eigene Handschlag zu fest, zu kurz, zu beiläufig geschieht oder ob der Begrüßte sich dabei wohl fühlt. Vielleicht probieren Sie einfach aus, was passiert, wenn Sie ihn etwas verändern. Lassen Sie Ihre Hand mal eine Idee länger in der Hand des anderen, fassen Sie nur eine Nuance fester zu, oder strecken Sie Ihre Hand stärker nach vorne. Beobachten Sie die Reaktion bei Menschen, die dieses Verhalten an Ihnen nicht kennen. Vielleicht werden Sie verwundert oder überrascht sein, eventuell wird den anderen Ihr Handschlag angenehmer vorkommen, vertrauensvoller oder auch etwas zu intim.

Viele Menschen legen großen Wert auf eine individuell gestaltete Visitenkarte. Doch nur wenige achten darauf, wie sie dem anderen ihre Hand geben.

Sinnestraining

Um Körpersprache wahrzunehmen, aber auch um die Reaktion auf die eigene Körpersprache zu deuten, ist es wichtig, die Sinne zu schärfen. Ein Sinnestraining, das Sie ganz einfach durchführen können, wird Ihnen dabei helfen.

Tasten

Wie hilfreich es sogar im alltäglichen Kontakt ist, den anderen sensibel zu fühlen, zeigte bereits das Beispiel mit dem Händedruck. Probieren Sie jetzt einmal, unterschiedliche Papierqualitäten mit geschlossenen Augen zu erfühlen. Legen Sie dazu unterschiedliche Bücher möglichst gleicher Größe nebeneinander auf Ihren Tisch. Fühlen Sie die Unterschiede. Das eine Buch (wie dieses) hat eine sehr glatte Oberfläche, andere sind rauher, fühlen sich wärmer an oder sind griffiger. Nun schließen Sie die Augen und gruppieren die Bücher um. Dann versuchen Sie, mit geschlossenen Augen nur durch Fühlen der unterschiedlichen Titelseiten die Bücher wiederzuerkennen.

Sagen Sie den Satz »Was machst Du« einmal kurz und abgehackt und einmal mit einem lang gedehnten »a« im Wort machst. Beim ersten Mal wirkt der Satz vorwurfsvoll, im zweiten Fall entsetzt und schockiert. Probieren Sie andere Varianten aus: belustigt, neugierig oder arrogant.

Hören

Allein ob jemand kurz mit der Stimme hoch geht oder unten bleibt, kann Ihnen zeigen, ob er von seinen eigenen Worten überzeugt ist oder nicht. Und weil die Stimme zum Körper gehört, zählt auch die Stimmlage zu den nonverbalen Kommunikationsmitteln (Seite 13). Lernen Sie also, genauer hinzuhören: Zählen Sie mit geschlossenen Augen alle Geräusche, die Sie wahrnehmen. Oder sagen Sie ein und denselben Satz einmal fragend, dann wütend, mit dem Brustton der Überzeugung, flehend und ängstlich. Achten Sie dabei genau auf Ihre Stimme und die besonderen Unterschiede und Betonungen, an denen Sie recht leicht erkennen können, in welcher Gemütslage etwas gesagt wird.

Sehen

Vermutlich können Sie sich kaum vorstellen, wie schnell man Signale der Körpersprache übersehen kann: Der vor Aufregung leicht zitternde Unterkiefer, die zur Faust verschlossene linke Hand oder das arrogante, ganz kurze Hochziehen des Kinnes – all dies sind wichtige Körpersignale, die jedoch von den meisten Menschen überhaupt nicht wahrgenommen werden. Schauen Sie aufmerksam hin: Sie können bei jedem beliebigen Kontakt mit Kollegen, der Verkäuferin an der Kasse oder auch mit Ihren Kindern üben. Selbst alleine können Sie lernen, Ihre Umgebung genauer zu betrachten. Spielen Sie einfach das alte Kinderspiel: »Ich sehe was, was du nicht siehst ...«, und zählen Sie alle Gegenstände auf, die eine bestimmte Farbe oder eine bestimmte andere gleichartige Eigenschaft haben, zum Beispiel alle runden Dinge, alles, was aus Holz ist oder auf vier Beinen steht. Achten Sie dabei auf winzige Details, die sonst keiner beachtet. Erst dann erkennen Sie, daß nicht nur Stühle und Tische auf vier Beinen stehen, sondern vermutlich auch Ihre Stereoanlage oder Ihr Computer »Füße« haben.

Riechen

Warum Sie eine feine Nase brauchen, um die nonverbale Kommunikation zu beherrschen, leuchtet Ihnen spätestens dann ein, wenn Sie bedenken, daß man Angstschweiß nicht nur spüren, sondern auch riechen kann. Insbesondere wenn Sie einem Menschen sehr nahe sind, können Sie mit einer feinen Nasen sehr viel über ihn erfahren. Jemand, der sich wohl und erholt fühlt, riecht angenehmer als ein Mensch, der angespannt und hektisch ist. Auch Ihre Nase können Sie, wo immer Sie wollen, testen: Schnüffeln Sie einmal an diesem Papier, an Ihrem Pullover, oder an Ihren Händen. So werden sie sensibel für das Reich der Düfte.

Partnerübung: Nichtsprachliche Signale wahrnehmen

Für diese Übung brauchen Sie einen Partner, der ohne sich zu bewegen dasitzt und den Sie in Ruhe zehn Sekunden lang anschauen. Dann schließen Sie die Augen und bitten Ihren Partner, ein Detail an sich zu verändern. Das kann die Fußstellung sein, er kann das übergeschlagene Bein wechseln, den obersten Blusen- oder Hemdknopf öffnen oder sich vor- beziehungsweise zurücklehnen. Sie machen danach die Augen wieder auf und finden heraus, was sich verändert hat. Je feiner die Details, desto schwerer die Übung. Sie können natürlich auch mehrere Details gleichzeitig verändern, und jedes davon muß erkannt werden.

Machen Sie sich bewußt, was Ihnen als erstes, zweites oder drittes an einer Person auffällt, die Ihnen zum ersten Mal begegnet. Ist es die Augenfarbe, die Kleidung oder die Stimme? Achten Sie dann um so mehr auf Dinge, die Sie bislang übersehen haben.

Bei allen Menschen, die sich nicht verstellen, ist Körpersprache immer eine Einheit: Füße und Finger, Beine und Blicke drücken ein- und dasselbe aus: das wahre Gefühl des Augenblicks.

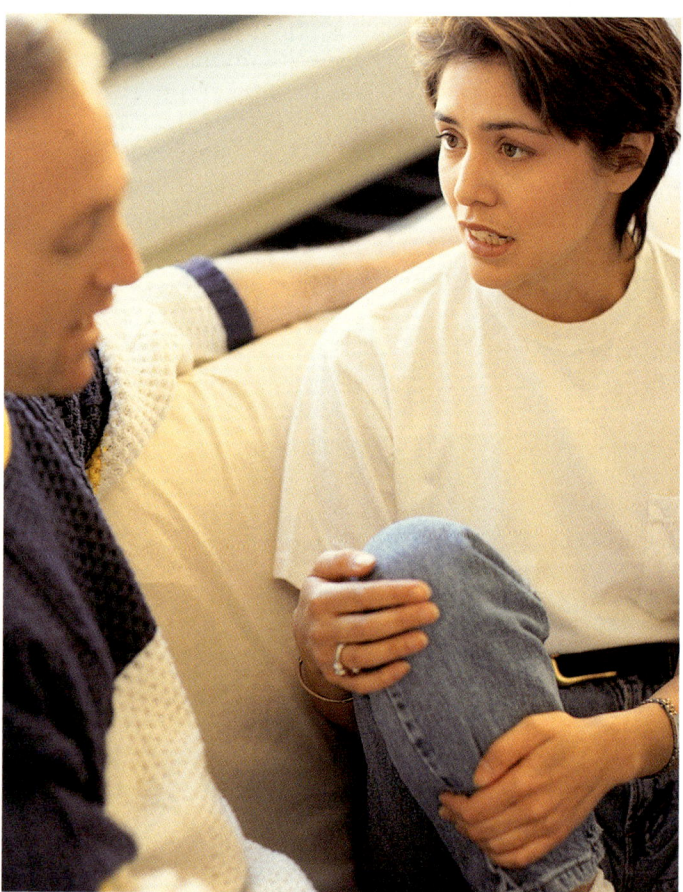

Konflikte deuten sich körpersprachlich an: Hier bilden Knie und Hände eine Schutzmauer, Mund und Augen signalisieren Abwehr.

Vorsicht vor zu schnellen Schlüssen

Nach all diesen Sinnesübungen werden Sie meinen, daß Sie sich ja gar nicht mehr auf ein Gespräch konzentrieren können, wenn Sie gleichzeitig auch noch auf die Fußstellung, das leichte Räuspern und auf die Stimmlage Ihres Gegenübers achten sollen. Doch mit einiger Übung werden Sie all diese Dinge ganz nebenbei wahrnehmen. Es wäre jedoch verkehrt, sich jetzt nur auf Beinstellung oder Stimmlage zu konzentrieren. Wie schnell können einzelne körpersprachliche Mitteilungen auch fehlleiten: Ein Körpersignal allein ist ein Hinweis, erst mehrere Signale zusammen ergeben einen Sinn. Beispielsweise können Sie hin und wieder nachlesen, daß verschränkte Arme Schutz, Unsicherheit und Abwehr bedeuten. Sicherlich können verschränkte Arme sagen, »laß mich in Ruhe, ich fühle mich unwohl«. Möglicherweise zeigen sie aber auch, daß die Person in sich selbst ruht.

Sichere Deutung erst bei mehreren Körpersignalen

Körpersprache können Sie dann wirklich gut verstehen, wenn mindestens drei, besser fünf Körpersignale in dieselbe Richtung weisen. Erst der Vergleich, ob die Handbewegung zur Mimik und zur Stimme paßt, gibt die genaue Information, ob jemand zum Beispiel deprimiert ist oder unter einer Erkältung (vielleicht auch unter beidem) leidet. Woran erkennen Sie auf den unteren Fotos, ob das Kratzen hinterm Ohr auf Juckreiz oder Probleme hindeutet?

Achten Sie immer auf die gesamte Körpersprache, auf den Kopf, die Haltung des Oberkörpers, des Beckens. Was sagen Hände und Arme aus, wie angespannt ist der Körper, welches Tempo haben die Bewegungen? Prüfen Sie, ob diese vielen Körpersignale übereinstimmen.

Wer ist der Denker?

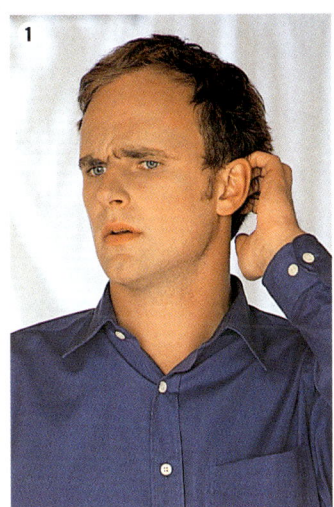

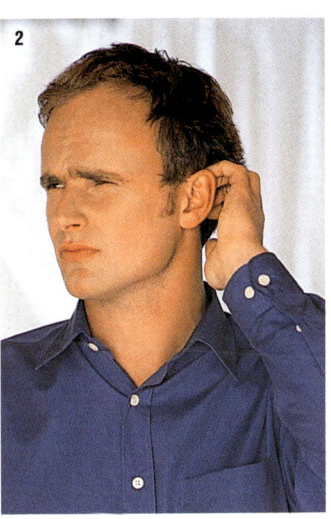

❶ Der Blick geht ins Leere. Die Augenbrauen sind vorgezogen. Hier wird scharf nachgedacht.

❷ Der Blick geht klar nach vorne, die Mimik ist entspannt. Hier quält nur der Juckreiz.

Eindeutige Gesten – und ihre Tücken

Alle symbolischen Gesten wie das Hutziehen sind so eindeutig, daß sie auch ohne begleitende Körpersignale richtig gedeutet werden können. Vorausgesetzt, man gehört derselben Kultur an. Ansonsten ist gerade mit solchen Gesten höchste Vorsicht geboten. In anderen Kulturen können sie oft unterschiedlich gebraucht werden, und das führt dann zu schwerwiegenden Mißverständnissen. Sogar das Kopfschütteln für »Nein« und das Nicken für »Ja« werden in Indien genau andersherum gedeutet. Selbst in Europa gibt es wichtige Unterschiede: Wer in Griechenland, auf Malta oder Sardinien Daumen und Zeigefinger als Zeichen der Anerkennung zu einem Ring schließt, muß vorsichtig sein. Dort ist dies auch eine sexuell-obszöne Anspielung.

Gehen Sie vorsichtig mit deutlichen Fingersignalen um: Sie sind sehr direkt und in der Körpersprache das, was in der normalen Sprache die lauten Ausrufe, wie »Hallo!«, »Prima!« oder »Hey!«, oder obszöne Schimpfwörter sind. So kann ein »Stinkefinger« schon mal eine recht hohe Geldstrafe wegen Beleidigung nach sich ziehen.

Eine der wenigen klaren Handgesten: Das Tippen am Hut ist wie ein verkürztes Hutziehen.

Fremde Länder — andere Gesten

Als der amerikanische Präsident George Bush am Anfang seiner Präsidentschaft Australien besuchte, begrüßte er das Empfangskomitee, die Pressefotografen und das Fernsehteam strahlend und freundlich mit dem Victory-Zeichen. Pech für ihn war nur, daß diese Geste in Australien zu damaliger Zeit noch als unanständig galt und etwa das gleiche bedeutete, wie bei uns der »Stinkefinger«. Mittlerweile haben sich aber auch im fünften Kontinent die gespreizten Mittel- und Zeigefinger als Symbol für Siegesgewißheit und Selbstbewußtsein durchgesetzt.

Ältere haben weniger Gesten

Wenn Sie die Körpersprache beurteilen, müssen Sie aber nicht nur den gesamten Körper mit berücksichtigen, sondern auch das Alter und nicht zuletzt die Position des jeweiligen Menschen. Ein älterer Mensch kann mit sparsamen Gesten durchaus genauso impulsiv sein wie ein jüngerer, der mit lang ausholenden Armbewegungen seinem Reden Ausdruck verleiht. Je älter man wird, desto steifer werden die Gelenke und lassen oft nur noch unter Mühen und manchmal Schmerzen eine große Gestik zu. Wir wissen das und deuten automatisch kleine Körpersignale älterer Menschen sehr viel stärker als die jüngerer. Deshalb wirken auch ältere Menschen, die noch mit 80 eine lebhafte und ausgeprägte Körpersprache haben, sehr viel jünger und aktiver. Ebenso können Sie als jüngerer Mensch mit einer dynamischeren und durch mehr Spannung getragenen Körpersprache noch jünger und aktiver wirken, ohne dabei gleich hektisch und fahrig zu werden.

Mit zunehmendem Alter nimmt die Beweglichkeit ab. Damit verliert auch die Körpersprache an Ausdruckskraft. Die Gymnastikübungen ab Seite 138 helfen, die Gelenke länger fit zu halten.

Mächtige sind mit Gesten sparsamer

Bekannt ist auch, daß Menschen, die hohe Ämter bekleiden, sich oftmals in ihrer Gestik stark einschränken. Sie wollen damit seriöser wirken, machen häufig aber nur einen sehr steifen Eindruck. Auch bei ihnen müssen Sie einzelne zaghafte Gesten sehr viel stärker einschätzen und entsprechend interpretieren, als Sie es normalerweise tun. Von den Mächtigen mit ihren reduzierten Gesten können Sie lernen. Denn

jeder, der Körpersprache übertrieben einsetzt, wird es schwer haben, als verantwortungsvoll, souverän oder ruhig zu gelten. Auch hier hilft nur, sich selbst immer wieder genau zu beobachten und die eigene Körpersprache mit der anderer zu vergleichen. Versuchen Sie herauszufinden, ob Sie allzu sehr mit »Armen und Beinen reden« oder aber sich im Gegenteil kaum aus Ihrer Haut heraustrauen. Denn wenn Sie in einer Körperposition erstarren und Ihr Reden nicht mit Mimik und Gestik unterstützen, wirken Sie gehemmt oder langweilig.

Menschen mit gering ausgeprägter Körpersprache fühlen sich oft unwohl gegenüber anderen, die mit weit ausladender Gestik sprechen. Passen Sie sich deshalb auch in der Körpersprache Ihrem Gesprächspartner an.

Je höher der Status, desto zurückhaltender die Körpersprache

Unstimmigkeiten erkennen

Viele beschäftigen sich mit der eigenen Körpersprache, weil sie mit ihrer Hilfe einen stärkeren Eindruck erwecken möchten. Sie wollen mit ihrer Körperhaltung, mit Arm- und Beinstellung, ihrer Mimik und bestimmten Gesten dem anderen etwas vormachen. Da wir alle nur unzulängliche Schauspieler sind, wird ihnen dieses nicht immer und nur selten über einen längeren Zeitraum gelingen. Sie erkennen solche Körpersprache-Täuschungsmanöver sofort, denn Sie wissen ja bereits, daß immer mehrere Körpersignale zusammengehören, um eine Vermutung zu bestätigen.

Widersprüchliche Signale

 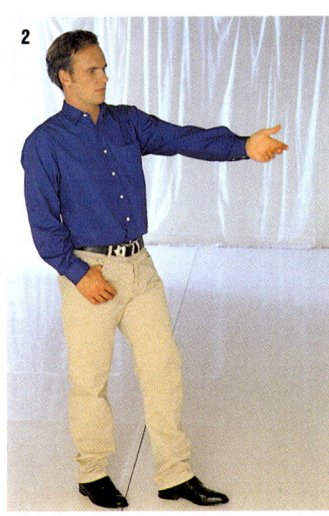

❶ Der Oberkörper holt mit beiden Armen weit aus, das Lächeln ist breit und freundlich. Hier will sich jemand offen, unverkrampft und völlig entspannt geben. Doch jeder sieht es sofort: Die Beine passen nicht zu dieser Haltung. Sie zeigen ganz deutlich an, daß die Situation etwas verzwickt ist und diese Person alles andere als frei und offen auftritt.

❷ Der ausgestreckte Arm und das nach vorne gestellte Bein sollen Kontaktfreude und Interesse zeigen. Doch der Oberkörper neigt sich nach hinten. Ein deutliches Signal, daß Kopf und Herz dem anderen abgeneigt sind. Wer so auf Menschen zugeht, macht ihnen etwas vor. Er reicht ihnen die Hand, aber ergreift gleichzeitig innerlich die Flucht.

Beine und Füße verraten viel: Wollen Sie wissen, wie selbstsicher Ihr Gegenüber wirklich ist? Werfen Sie einen Blick auf den Stand seiner Füße: Steht er mit beiden Füßen auf der Erde, oder haben nur die Fersen oder Fußspitzen Bodenkontakt? Vielleicht berühren lediglich die Außen- oder Innenkanten der Schuhsohlen den Boden — nicht gerade ein Zeichen für Standhaftigkeit und Stärke.

Achten Sie auf Füße und Beine

Der Verhaltensforscher Desmond Morris hat eine Glaubwürdigkeits-Skala der Körpersprache aufgestellt: Erröten, Magenknurren, Schweißausbruch und bestimmte Tics, sogenannte unwillkürliche, immer wiederkehrende, kurze Körperbewegungen, sind nicht vom Willen zu steuern und daher nicht zu kontrollieren. Die Verhaltensforschung weiß, daß auch Bein- und Fußgesten schwer in den Griff zu

bekommen sind. Nervosität und innere Spannung drücken sich oftmals nur in einem leichten, manchmal sehr schnellen Wippen der Beine und Füße aus. Becken und Oberkörper können dabei ganz ruhig bleiben. Am Tisch würden diese hektischen Fußbewegungen nicht auffallen. Alles, was oberhalb einer Tischplatte zu bemerken ist, haben wir weit besser unter Kontrolle. Nur ein geübtes Auge erkennt eventuell in minimalen Schaukelbewegungen eine innere Unruhe. Am besten trainiert sind Gestik und Mimik. Hier kann auch die Körpersprache lügen. Doch versucht jemand, Gestik und Mimik zu unterdrücken, kommt sehr schnell die Botschaft »verklemmt« an.

Wenn Sie sich vor einer Rede oder in einer Besprechung unsicher fühlen, stellen Sie ganz bewußt Ihre Beine und Füße wie schwere, dicke Bäume auf den Boden. Der Bodenkontakt macht Sie standfester und vermittelt Ihnen auch psychisch mehr Sicherheit.

Lernen Sie, Gedanken zu lesen

Das NLP kennt eine Methode, mit der Sie an den Augen Ihres Gegenübers so manches ablesen können. Wenn Sie sich mit jemandem unterhalten und ihm dabei ins Gesicht sehen, ohne ihn anzustarren, erkennen Sie, daß seine Augen in eine bestimmte Richtung schauen. Ob die Augen nach rechts oder links, nach oben oder unten blicken, ist nicht zufällig. Es hängt davon ab, welche Gedanken und Gefühle in Ihrer Unterhaltung angesprochen werden. Folgende Regeln gelten dabei für Rechtshänder (die Angaben links und rechts beziehen sich jeweils auf den Blickwinkel, den Sie als Betrachter haben):

Wenn Ihr Gesprächspartner sich an etwas erinnert, was er mit den Augen wahrgenommen hat, also zum Beispiel an den weißen Strand in seinem letzten Urlaub, wandern seine Augen nach rechts oben. Konstruiert er neue Bilder und stellt sich beispielsweise die tiefblauen Seen Oberbayerns als sein nächstes Urlaubsziel vor, so schauen seine Augen nach links oben. Fragen Sie ihn nach Worten, nach allem, was vom Ohr aufgenommen wird, so wandern seine Augen nach rechts in der Mitte. Blickt das Augenpaar auf mittlerer Höhe nach links, können Sie davon ausgehen, daß die Gedanken um Töne und Stimmen kreisen, die entweder vom Gehirn in abgeänderter Weise gespeichert wurden oder völlig neu erdacht werden. Sprechen Sie dagegen Gefühle an, so gehen die Augen nach rechts unten, wenn es sich um Erinnerungen handelt, und nach links unten, sobald

jemand mit sich selbst spricht. Wenn Sie also einen Rechtshänder fragen, ob er das Buch schon gelesen hat, das Sie
ihm vor einiger Zeit geschenkt hatten, und er bejaht es,
blickt dabei aber nach links oben, flunkert er.
Ganz so sicher können Sie sich aber nicht sein, denn seine
Augenbewegung kann sich längst auf etwas anderes beziehen, weil er in Gedanken schon dem Gesagten vorauseilt.
Seien Sie also auch hier immer vorsichtig. Das Augenbewe-
gungsmodell ist kein Lügendetektor, sondern nur eine weitere Hilfe, einen guten Kontakt zum Gesprächspartner zu
bekommen und sich besser auf ihn einzustellen.

**Auch bei den Augenbewe-
gungen gilt, daß sie etwa
eine Sekunde vor dem
gesprochenen Wort einsetzen.
Wenn Sie diese Signale wahrnehmen, können Sie häufig
schon vorher erfahren, was
Ihr Gesprächspartner Ihnen
gleich sagen wird. Oder Sie
wissen, daß er Ihnen nicht
das gesagt hat, was Sie aus
seinen Körpersignalen ablesen
konnten. Dann sollten Sie auf
der Hut sein.**

Das Augenbewegungsmodell		
links oben	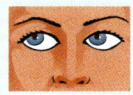	Gedanken oder Gefühle an Dinge, die man optisch kon-struiert, ohne sie je gesehen zu haben
rechts oben		Gedanken oder Gefühle an Dinge, die man gesehen hat oder gerade sieht
links in der Mitte		Gedanken oder Gefühle an Dinge, die man akustisch konstruiert, ohne sie je gehört zu haben
rechts in der Mitte	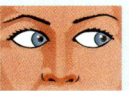	Gedanken oder Gefühle an Dinge, die man gehört hat oder gerade hört
links unten	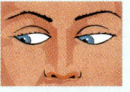	einen inneren Dialog, stumme Selbstgespräche führen
rechts unten	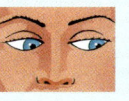	Gedanken oder Gefühle an Dinge, die man gefühlt hat oder fühlt

Andere besser erkennen

Machen Sie sich auf zu einer Expedition, die Ihnen eine vermutlich neue Welt offenbart. Nehmen Sie die Körpersprache anderer Menschen wahr. Mit der Zeit werden Sie genug Erfahrungen sammeln, um die Körpersprache Ihrer Mitmenschen sicher deuten zu können. Üben Sie, Körpersprache in ihrer Einheit zu sehen und typische Körpersignale zu erkennen. Dann kommen Sie schneller an Ihr Ziel, den anderen auch ohne Worte besser zu verstehen.

Stumme Körperbilder erzählen Geschichten

Wer die Körpersprache versteht und richtig zu deuten weiß, dem öffnet sich ein direkter Zugang zu den Gefühlen eines anderen.

Setzen Sie sich einmal auf eine Parkbank oder in ein Café in einer belebten Fußgängerzone. Vor sich haben Sie ein hervorragendes Experimentierfeld, um Körpersignale zu deuten. Beobachten Sie die vorbeiflanierenden Menschen. Oft können Sie schon am Gang erkennen, zu welchem Temperamentstyp (siehe Seite 54 bis 59) er zählt oder wie er sich gerade fühlt: zerknautscht, heiter, schwungvoll oder matt. Interessant wird es bei Paaren. Können Sie erkennen, wer hier wen führt? Halten sich zwei an der Hand, so hat immer der die Führung übernommen, der seinen Arm enger am eigenen Körper hält. Bei Paaren, die ohne Handkontakt eng nebeneinander herlaufen, finden Sie heraus, wer den Gang zum Schaufenster hin lenkt oder das Tempo ändert. So erkennen Sie, wer den Ton – zumindest beim Einkaufsbummel – angibt.

Wenn sich Vermutungen bestätigen

Solch eine Stunde im Café bietet Gelegenheit, körpersprachliche Entwicklungen zu beobachten, Thesen zu entwickeln und zu verwerfen: Ob das übergeschlagene Bein des Mannes, der den Nebentisch mit einer jungen Frau teilt, wohl Abwehr oder nur Scheu ausdrücken soll? Und wie verändert sich die Lage? Natürlich können Sie nicht ständig zu Ihrem Nebentisch starren. Versuchen Sie, bei gelegentlichen Blicken zu erkennen, was sich verändert hat. Mit der Übung auf Seite 75 gelingt Ihnen das sicher auch.

Von Kindheit an verständigen wir uns mit Körpersprache. Hier ist ganz klar erkennbar, wer wen »an die Hand nimmt«.

Üben für den Ernstfall

Dieses Buch will Sie nicht dazu verführen, mit neugierigen Blicken fremde Menschen genau zu analysieren. Aber mit der oben beschriebenen Übung können Sie unbefangen lernen, was in entscheidenden Momenten für Sie wichtig sein kann. Beim nächsten Cafébesuch könnte ja an Ihrem Tisch ein netter Mensch Platz nehmen. Haben Sie eine solche Szene bereits von neutraler Position aus körpersprachlich »mitgespielt«, wird es Ihnen jetzt – selbst wenn Sie nun ein wenig befangen sind – leichter fallen, die Körpersignale bewußter wahrzunehmen und eigene Körpersignale gezielt auszusenden. Wie Sie dies nicht nur im Café, sondern auch in anderen Gesprächen und Situationen tun, werden Sie ab Seite 96 erfahren. Hier entdecken Sie typische, immer wiederkehrende Körpersignale, die unmittelbare Reaktionen im Unterbewußtsein hervorrufen. Oft ist es nur eine kurze Geste, ein bestimmter Ausdruck im Gesicht oder eine rasch veränderte Haltung. Aber diese Signale führen fast automatisch dazu, daß sich Menschen angesprochen fühlen oder aber ablehnend reagieren. Deshalb ist es wichtig, sich die charakteristischen Kennzeichen einzuprägen.

Analysieren Sie als neutraler Beobachter, wie sich andere Menschen körpersprachlich unterhalten. Dann wird es Ihnen leichter fallen, auch im eigenen Kontakt mit anderen die Körpersprache besser einzusetzen und zu verstehen.

Welche Haltung nehmen Sie ein?

 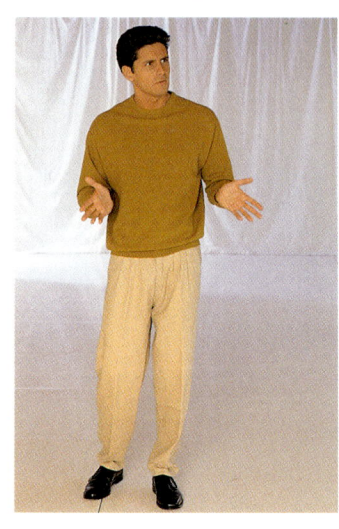

**Nehmen Sie selbst einmal
die abgebildeten Haltungen
ein, und versetzen Sie sich
dabei gedanklich in die
andere Person. Dann können
Sie gefühlsmäßig am besten
nachvollziehen, was ihre
Körperhaltung aussagt.**

Positiv-offene Haltung

Die Augen blicken geradeaus.
Die Arme sind parallel zu den
Beinen oder sogar dem Partner
entgegengestreckt.
Die offenen Handflächen zeigen, daß sie nichts zu verbergen haben. Mit den ausge-
streckten Armen will sie sogar
den anderen annehmen.
Werden allerdings die Arme in
großem Bogen und mit Wucht
entgegengestreckt, kann diese
Geste besitzergreifend wirken.
Eine einzelne Aufnahme kann
dies zwar nicht zeigen. Im
lebendigen Kontakt können Sie
jedoch den Unterschied zwischen offener und vereinnah-
mender Haltung erkennen.

Offen-herausfordernde Haltung

Die Armhaltung kann hier fast
die gleiche sein wie bei der
positiv-offenen Haltung. Doch
achten Sie auf den Kopf: Bei
der positiv-offenen Haltung
steht die Person gerade, hier ist
der Kopf leicht nach oben ge-
wendet. Sie sehen es am vorge-
streckten Kinn. Manchmal wird
diese offen-herausfordernde
Haltung nur für einen kurzen
Moment eingenommen, bei-
spielsweise wenn man sich die
Hand gibt. Achten Sie also auf
die Nuancen zwischen beiden
Haltungen. Sie verraten Ihnen
den Unterschied zwischen posi-
tiv-offener und offen-heraus-
fordernder Haltung.

86

Offen-verschlossene Haltung

Verschränkte Arme lassen nicht unbedingt auf einen introvertierten Charakter schließen. Mit direktem Blick nach vorne und gutem Bodenkontakt unterscheidet sich diese Haltung deutlich von der verschlossenen Haltung rechts daneben. Die verschränkten Arme deuten auf Entschlossenheit hin, lassen die Person als in sich ruhend und zufrieden erscheinen. Entscheidend sind bei verschränkten Armen die übrigen Körpersignale wie Beinstellung und Mimik. Wer sich nur auf die Arme konzentriert, zieht leicht falsche Schlüsse.

Verschlossene Haltung

»Laß mich in Ruhe« signalisieren die verknoteten, in sich gekehrten Arme und Beine. Die Arme liegen eng am Körper an, die Beine sind gegeneinander gepreßt.
Die Standfläche und der Bodenkontakt werden dadurch geringer. Die ganze Person erscheint schmaler und damit leichter angreifbar. Sie strahlt Unsicherheit aus.
Den Blick hat sie außerdem gesenkt. Das verhindert einen direkten, offenen Blickkontakt.

Achten Sie bei verschränkten Armen darauf, ob sie eher auf Brust- oder Bauchhöhe liegen. Je weiter unten die Arme in sich verschränkt sind, desto offener ist die innere geistige und gefühlsmäßige Haltung.

Bedeutungsvolle Blicke

Blicke sagen wohl am unmittelbarsten, wie es um den anderen steht. Auch deshalb ist es wichtig, jemanden direkt anzuschauen – ohne ihn anzustarren – und seinen Blickkontakt aktiv zu suchen.

Offen-gelassener Blick

Es muß nicht immer nur ein Lächeln sein, das dem Gegenüber Interesse und Anteilnahme vermittelt. Auch ein klares, offenes Gesicht ohne großes Mienenspiel deutet darauf hin, daß der andere Ihnen zuhört und Sie sympathisch findet. Ist beispielsweise ein Augenpaar so unmittelbar auf Sie gerichtet, können Sie sich der vollen Aufmerksamkeit Ihres Gesprächspartners sicher sein. Weitere sichere Indizien dafür sind ein Ihnen zugewandter Oberkörper und Arme, die nicht über der Brust verkreuzt sind, sondern locker nach unten fallen oder beispielsweise auf dem Tisch aufliegen.

Verkniffener Blick

Die Kopfhaltung hat sich gegenüber dem nebenstehenden Foto verändert. Und auch hier werden Sie als Betrachter direkt angesehen. Und doch merken Sie sofort den Unterschied in der Mimik. Die Augen sprechen eine ganz andere Sprache: Sie sind zusammengekniffen und wirken dadurch nicht mehr sanft und beruhigend. Im Gegenteil: Sie werden schmaler, der Blick wird fokussiert, die Linse schärfer gestellt. Beim Betrachter kann das als prüfend bis stechend-verletzend ankommen.

Was der Mund verrät

Offenes Lächeln

Wohl das schönste Signal für Sympathie: Ein offenes Lächeln und der direkte, zugewandte Blick. Dabei ist der Mund leicht geöffnet und läßt die Zähne sehen. Die Mundwinkel zeigen nach oben. Die Augen sind ebenfalls weit offen, die Augenbrauen etwas hochgezogen, wodurch die Augen noch etwas größer und offener erscheinen. Ein solches Lächeln als Zeichen dafür, daß man sich wohl fühlt, ist dem Menschen angeboren. Selbst blinde, taubstumme Säuglinge lächeln, wenn Sie satt und rundum zufrieden sind.

Zähne zeigen

Auch hier werden die Zähne gezeigt, allerdings im doppelten Wortsinne. Denn wenn die Mundwinkel eher nach unten als nach oben weisen und auch die Augenbrauen nach unten anstatt nach oben gezogen werden, bedeutet Zähnezeigen nichts Gutes. Wut und Haß kommen in dieser Mimik zum Ausdruck. Dabei verhalten sich Menschen ähnlich wie Raubtiere oder Hunde, die bei Auseinandersetzungen ebenso ihr Gebiß zeigen und allein mit dem Anblick ihrer scharfen Zähne so manchen verängstigten Angreifer in die Flucht schlagen.

TIP

Seine Lippen hat der Mensch sehr gut unter Kontrolle. Deshalb kann ein lächelnder Mund auch oft aufgesetzt sein. Kontrollieren Sie, ob dabei die Augen genauso strahlen wie der Mund.

Was das Kinn sagt

Oft dauert es nicht mal eine Sekunde, in der die Körpersprache wesentliche Einblicke ermöglicht. Deshalb ist es wichtig, genau zu wissen, welche körpersprachlichen Signale besonders zu beachten sind.

Kinn nach unten geneigt

Geht das Gesicht leicht nach unten — am besten am geneigten Kinn zu sehen —, der Blick bleibt aber oben, so ist das die typische Haltung, wenn Ihnen etwas übel genommen wird oder Ihnen ein Tadel bevorsteht. Dieser bohrende Blick kann Sie aber auch, wie auf diesem Bild, vernichtend von der Seite treffen. Sie sind fast keines Blickes mehr würdig. Meist wird diese Mimik kürzer als eine Sekunde eingenommen. Doch sie mahnt zur höchsten Vorsicht. Wer Sie mit solch prüfendem Blick ansieht, meint es selten gut mit Ihnen.

Kinn nach oben gestreckt

Bei einem solchen Gesichtsausdruck ist das Urteil bereits gefällt. Werden Sie so ins Visier genommen, gelten Sie Ihrem Gegenüber als nicht gleichberechtigt. Er schaut von oben auf Sie herunter. Übrigens funktioniert diese arrogante Kopfgestik auch größeren Menschen gegenüber: Der kleinere hebt das Kinn an und schaut kurz seitlich an Ihnen vorbei nach unten. Wenn er gerade dann den Blickkontakt abbricht, wirkt diese Kopfgestik doppelt verletzend.

Wenn Lippen sprechen

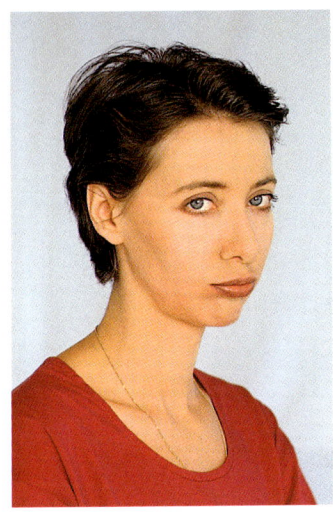
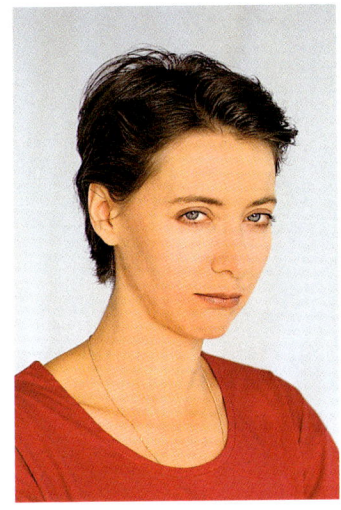

Schmollende Lippen

Bei Kindern sieht man den Schmollmund häufiger als bei Erwachsenen, die lieber die Zähne zusammenbeißen oder ein künstliches Lächeln aufsetzen, als mit leicht vorgewölbter Unterlippe anzudeuten, daß sie sich verletzt und gekränkt fühlen. Achten Sie aber in stillen Momenten auf die Lippen Ihres Partners oder Kollegen, so werden Sie den Ansatz zum Schmollmund auch bei ihnen erkennen können.

Zusammengepreßte Lippen

Schmale Lippen macht beispielsweise, wer einen Schmollmund vermeiden möchte. Genauso wie das Zusammenbeißen der Zähne zeigen auch zusammengepreßte Lippen allzuoft an, daß man an einem Problem zu beißen hat. Manchmal ist es auch nur die Unterlippe, an der man herumnagt. Bei vielen Menschen erkennen Sie dies an den Zahnabdrücken, die sich deutlich auf ihrer Unterlippe abzeichnen. Viele gewöhnen sich an, bei Streß und Anspannung auf der Unterlippe zu kauen, ohne selbst zu merken, wie sie ihre Probleme an ihren sensiblen Lippen abreagieren.

Lippen haben Signalwirkung: Nicht umsonst gehören Lippenstifte seit Urzeiten zu den meistbenutzten Kosmetikartikeln. Oft erinnert sich ein Gesprächspartner noch genau an die Lippen seines Gegenübers. Achten Sie deshalb darauf, was Ihre Lippen dem anderen sagen.

Berührung als Zeichen

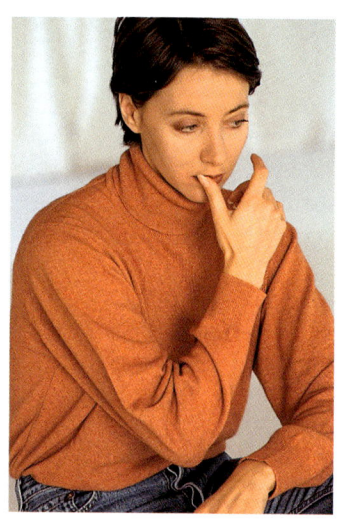

Im Gespräch seinen eigenen Körper zu berühren kann je nach Situation bedeuten: »Es berührt mich, was Du sagst« oder es ist die stumme Aufforderung: »Berühre mich« oder aber »es berührt mich im Moment etwas anderes als das, was Du sagst.« Der Betrachter wird an anderen Körpersignalen erkennen, welche Schlüsse er ziehen kann.

Hand am Mund

Wer den Finger vor den Mund hält, zeigt häufig, daß er eigentlich etwas sagen möchte, dies aber dann doch zurückhält. Klar, daß diese Gestik den Gesprächspartner verunsichert, weil er natürlich gerne die Meinung des anderen erfahren würde. Doch meist erkennt er die Botschaft dieser Gestik nicht. Sonst könnte er ja offensiv nach der Meinung des anderen fragen und ihn aus seinem Schweigen herauslocken. Verdeckt die Hand den Mund nicht, sondern liegt darunter, zwischen Mund und Kinn oder Wange, kann es sein, daß derjenige noch nachdenkt und seine Worte genau abwägt.

Kratzen

Selten kratzen wir uns, weil es juckt oder brennt. Kratzgesten geschehen viel häufiger aus Unsicherheit. Verlegenes Kratzen deutet an, daß Ihr Gegenüber Aggressionen aufgestaut hat, die dann zu Juckreiz führen. Kaum jemand wird dieses Kratzen als Aggressionsverhalten deuten, aber es unterbewußt als störend, unangenehm und unpassend empfinden. Somit ist das Kratzen eine Körpersprache, die Kontakte zum Abbruch bringen kann oder eine Kontaktaufnahme sehr erschwert. Kein Wunder, daß man diese Gestik oft bei kontaktarmen Personen beobachten kann.

Hand am Oberkörper

Wer liebevoll mit sich umgeht, also sich nicht kratzt, sondern sanft streichelt, deutet durch diese Selbstberührung an, daß er wohlgestimmt ist. Eine solche Körpergestik ist zwar nicht dem andern zugewandt, zeigt andern aber eine generell positive Grundstimmung an. Manchmal kann dieses Streicheln auch intuitiv den anderen zu Streicheleinheiten in Form eines netten Wortes auffordern. Bei Frauen ist es auch das beiläufige Streichen durchs offene Haar, das eine solche Aufforderung enthalten kann. So führt diese Gestik normalerweise zu positiven Reaktionen.

Hände hinter dem Kopf

Wer einem andern so schutzlos seinen Oberkörper hinhält, muß sich ausgesprochen sicher fühlen. Hier zeigt jemand, wie entspannt er ist. Dabei legen die nach oben gestreckten Oberarme die Achselhöhlen frei. Diese Verhaltensweise stammt noch aus den Urzeiten der menschlichen Entwicklung. Die Achseln lassen Duftstoffe frei, die sexuell anregen. Außerdem erscheint in dieser Haltung der Oberkörper besonders breit. Doch auch bei Frauen gibt es diese Körpergeste: Sie winkeln allerdings die Ellbogen nicht zur Seite, sondern strecken sie nach oben. Dadurch hebt sich der Busen.

Am Beispiel der Hände hinterm Kopf wird deutlich, wie unterschiedlich die Körpersprache zwischen Männern und Frauen ist. Im Zuge der Emanzipation hat sich auch hier vieles angenähert, so daß sich eindeutige Aussagen über die unterschiedliche Körpersprache von Männern und Frauen kaum mehr machen lassen.

»Ich weiß Dir Dank dafür, daß Du mich so hinnimmst, wie ich bin. Was habe ich mit einem Freund zu tun, der mich wertet?«
Antoine de Saint-Exupéry, französischer Dichter, 1900-1944,

Gute Zeiten zum Beobachten

Die Körpersprache anderer verrät Ihnen immer dann besonders viel, wenn Sie Ihre Mitmenschen in Situationen beobachten, in denen sie sich gar nicht oder aber auf etwas ganz anderes konzentrieren. Das kann beim langweiligen Warten auf den Bus sein. Gerade wenn man morgens noch etwas müde ist, sprechen Körperhaltung und Gesichtsausdruck Bände. Sicher haben Sie das auf dem Weg zur Arbeit schon beobachten können. Schauen Sie auch einem Redner genau auf Hände, Arme und Füße. Welche Kopfbewegung macht er, und wann streift er kurz seine Nase mit der Hand? Bei einem Vortrag ist ein Redner meist voll und ganz auf den Inhalt seiner Rede konzentriert und achtet nur selten auf seine Körpersprache.

Auch wenn jemand einer neuen, überraschenden Situation gegenübersteht, aufgeregt oder aber besonders überrascht ist, fallen immer für kurze Zeit, manchmal nur für Sekunden, Hemmungen und Kontrollmechanismen, die jeder sich und seiner Gestik und Mimik auferlegt. Schauen Sie in solchen Augenblicken besonders aufmerksam hin, wenn die Körpersprache ohne innere Sperre völlig spontan und ehrlich zum Ausdruck kommt.

Doch bleiben Sie beim Beobachten, interpretieren und werten Sie nicht gleich. Denn dann haben Sie keine Zeit mehr, sämtliche Signale des Körpers wahrzunehmen. Nur wenn Sie sich offen und voll wohlwollendem Interesse dem anderen zuwenden, sind Sie auch in der Lage, möglichst alle Aspekte seiner Körpersprache zu entdecken.

Kontakte — leicht gemacht

Ein sicheres Gefühl für Ihre eigenen Körper- signale und die Ihrer Mitmenschen hilft Ihnen, unbefangen auf andere zuzugehen und erfolgreich Kontakte zu schließen. Sie können mit einer sensiblen Körpersprache Ihre eigenen Fähigkeiten besser einsetzen, Konflikte lösen und Führungsqualitäten entwickeln.

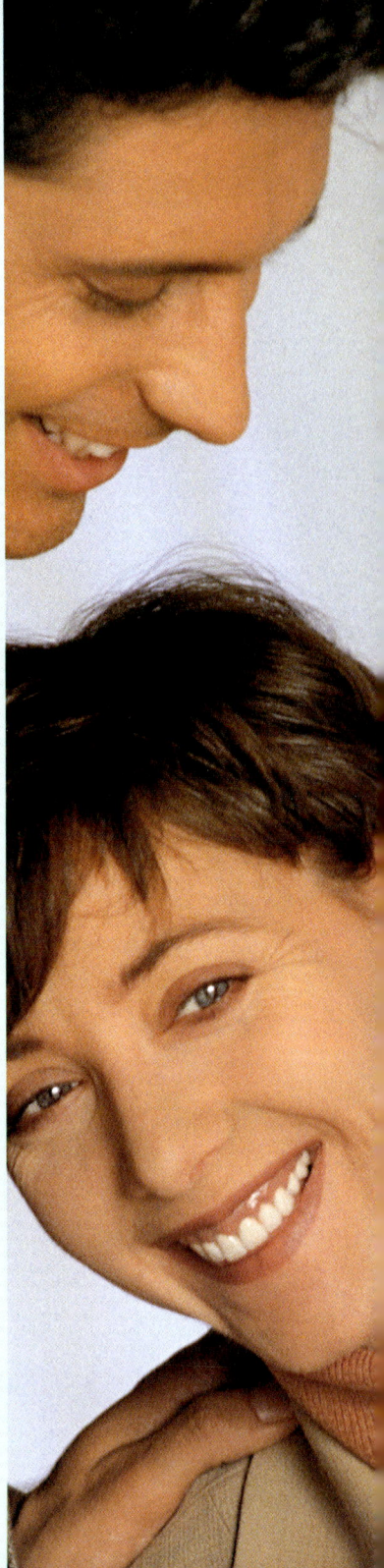

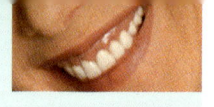

Wie gehen Sie mit anderen um?

Wer offen und unbefangen mit anderen umgeht, wird nicht nur leichter Kontakte schließen, sondern auch Beziehungen befriedigender und erfolgreicher gestalten können. Dazu ist es wichtig, sich selbst immer besser kennenzulernen und auch zu wissen, wie man auf andere wirkt. Denn oft haben Sie selbst einen ganz anderen Eindruck von sich als andere. Vielleicht glauben Sie, überzeugend aufzutreten, vermitteln durch Ihre innere Anspannung Ihrem Gegenüber jedoch Unsicherheit. Oder Sie bedrängen ihn, lassen ihm zuwenig Raum, so daß der andere unwillkürlich auf Abstand geht.

Fremde und eigene Ticks

Andere zu beobachten fällt leichter, als ein Gefühl für die eigene Wirkung zu entwickeln. Schnell bemerken Sie bestimmte Ticks oder besondere Gesten, die jemand immer wieder macht, ohne sich dessen bewußt zu sein. Da redet Ihr Chef lautstark auf Sie ein, wippt dabei aber ständig nervös mit den Füßen oder fährt sich andauernd durch die Haare. Das wirkt auf Sie wenig überzeugend, obwohl seine Argumente ganz vortrefflich sind. Oder der erhobene Zeigefinger Ihres Kollegen gibt den anderen Mitarbeitern immer wieder Anlaß, hinter seinem Rücken abschätzige Bemerkungen zu machen. Ein anderer versucht besonders gewandt aufzutreten, trotzdem kennt jeder seine fachlichen oder menschlichen Schwächen, die er zu verbergen sucht. Würden Sie Ihrem Chef oder Ihren Kollegen jedoch offen sagen, was Ihnen auffällt oder Sie stört? Sicher nur in den seltensten Fällen. Anderen geht es mit Ihnen ähnlich.

Was anderen auffällt

Fallen Ihnen spontan zwei bis drei eigene Ticks ein? Falls Ihnen zu sich selbst nichts einfällt, fragen Sie einmal einen Freund oder eine Freundin. Als Leitfaden kann das Johari-

»Tic« ist die medizinische Bezeichnung für ein nervlich bedingtes Muskelzucken, zum Beispiel ständig wiederkehrendes Blinzeln oder Zucken im Gesicht, das körperlich-seelische Ursachen haben kann. Als »Tick« werden Eigenarten bezeichnet, die jemand in bestimmten Situationen immer wiederholt, wenn er sich zum Beispiel ständig am Kopf kratzt oder beim Sprechen andauernd »ähm« als nervösen Pausenfüller einsetzt.

Modell dienen, das Sie schon auf Seite 44 kennengelernt haben, um sich selbst besser wahrzunehmen. Es kann Ihnen einen ersten Anhaltspunkt dafür geben, wie Sie als Persönlichkeit auf Ihre Umgebung wirken und wodurch Kontaktbarrieren entstehen können.

Das eigene Selbstbild überprüfen

Wenn Sie mit Hilfe von anderen erfahren wollen, wie Sie nach außen wirken, ist es sinnvoll, jemanden aus Ihrem Freundes- oder Bekanntenkreis zu wählen, dem Sie vertrauen, aber mit dem Sie nicht zu vertraut sind. Ihr engster Partner kennt Sie oft schon zu gut, um Sie unvoreingenommen mit der Sicht eines Außenstehenden wahrnehmen zu können. Wichtig ist auch, daß Sie die Meinung Ihres »Mitspielers« schätzen, sich ihm aber weder über- noch unterlegen fühlen. In der folgenden Übung können Sie gemeinsam mit ihm oder mit ihr Ihre persönliche Ausstrahlung und Ihre inneren Barrieren feststellen.

Stehe ich wirklich oft so mit eingesunkenen Schultern und hängendem Kopf? Der prüfende Blick auf Ihren Pantomimen verrät, wie andere Sie sehen. Auch wenn er die Haltung übertreibt, gibt sie dennoch wichtige Hinweise.

Wie andere Sie sehen

❶ Stellen Sie sich etwa einen Meter voneinander entfernt auf. Schließen Sie beide die Augen. Jetzt stellen Sie selbst sich so hin, wie Sie meinen, daß Sie ganz normal stehen. Wenn Sie die für Sie richtige Haltung gefunden haben, weisen Sie Ihren Partner nur mit Ihren Worten an, sich genau so hinzustellen, wie Sie selbst stehen. Während Sie dem anderen Ihre Haltung beschreiben, versuchen Sie, Ihren eigenen Körper zu spüren: Wie fühlt sich Ihr Kopf an? Ist er eher leicht nach vorne, zur Seite oder nach hinten geneigt? Wie spüren Sie Ihren Hals? Sitzt der Kopf leicht oder schwer darauf? Wie fühlen sich die Schultern an — hochgezogen, angespannt, schief oder locker —, wie die Arme? Sind die Ellbogen am Körper oder nach außen gebeugt? Stehen Sie insgesamt eher etwas nach vorne oder nach hinten geneigt? Wo im Körper ist die Muskelspannung stärker, und wo ist sie schwächer?

❷ Ihr Partner bleibt in der Haltung stehen, die Sie ihm mitgeteilt haben. Er läßt dabei die Augen geschlossen und übertreibt die Haltung sogar noch etwas. Öffnen Sie nun die Augen.

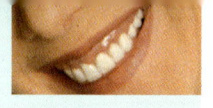

❸ Gehen Sie dann um ihn herum, betrachten Sie seine leicht übertriebene Darstellung Ihrer Haltung aufmerksam, und beantworten Sie für sich selbst folgende Fragen: Stehe ich wirklich so da, oder habe ich mich selbst ungenau beschrieben? Wie wirkt diese Haltung auf mich? Wo sind körperliche Verspannungen, die sich durch die Haltung ergeben oder seelische Ursachen haben?

❹ Sprechen Sie mit Ihrem Mitspieler über alles, was Ihnen aufgefallen ist. Fragen Sie ihn auch, wie er sich in »Ihrer« Haltung gefühlt hat. Sie werden auch feststellen, daß Sie viele Einzelheiten Ihrer Haltung gar nicht beschrieben, also auch nicht wahrgenommen haben, oder daß Sie sich nur ungenau beschreiben konnten. Im Gespräch mit Ihrem Partner wird Ihnen vieles klarer werden. Tauschen Sie danach die Rollen. Sie imitieren jetzt die Haltung Ihres Gegenübers. Wiederholen Sie diese Übung von Zeit zu Zeit.

Wer keine Gelegenheit hat, Übungen mit einem Partner zu machen, kann sich auch von Freunden oder der Familie einmal, während er steht, geht oder spricht, filmen lassen. Sehen Sie sich die Filme dann ganz in Ruhe an. Versetzen Sie sich dabei in die Rolle eines Menschen, der Sie nicht kennt. Wie nehmen Sie sich als Beobachter wahr? Wie wirkt Ihre Haltung, Ihr Gang, die Art, wie Sie sitzen und reden, auf Sie selbst?

Natürlich wird Ihr »Spiegelbild« dadurch beeinflußt, daß bei dieser Übung Ihr Partner oder Ihre Partnerin anders gebaut ist, aber es wird meist nicht grundsätzlich verändert, solange Sie beide sich äußerlich nicht extrem voneinander unterscheiden. Sehr aufschlußreich kann es für Sie jedoch sein, sich auch einmal über das »Modell« dreidimensional zu erleben. Der abschließende Gedankenaustausch hilft, Mißverständnisse zu klären und die Einzelheiten richtigzustellen, in denen Sie sich verzerrt oder falsch dargestellt fühlten.

Dem ersten Eindruck auf die Spur kommen

Wie Sie auf andere wirken, wird eingeleitet von dem ersten Eindruck, den andere von Ihnen haben. Der erste Eindruck, den Sie auf jemanden machen, hängt auch von Ihrer eigenen Stimmung ab, von der Situation, in der Sie jemandem begegnen. Und auch davon, wie der andere geprägt ist. Das heißt, Sie werden nicht auf jeden Menschen den gleichen Eindruck machen. Im menschlichen Körpergedächtnis sind positive und negative Erlebnisse verankert. Mit dem »ersten Eindruck«, den ein Mensch auf Sie macht, können in Ihrem Unterbewußtsein negative oder positive Erinnerungen an frühere Erlebnisse geweckt werden. Sind Sie positiv, wird intuitiv ein Sympathiegefühl freigesetzt: »Vor mir steht jemand, der mir Vertrauen einflößt.«

Sie sehen, was Sie sehen wollen

Dieses Vertrauen war in der Vergangenheit durch eine nahestehende Person, zum Beispiel durch Ihre Eltern, hervorgerufen und in Ihrem Körper verankert worden. Spontan taucht dieses Gefühl wieder auf, ohne daß Sie sich dessen bewußt sind. Das heißt: Sie sehen intuitiv das, was Sie sehen wollen. Das Unterbewußtsein nimmt aber noch viel mehr wahr. Mit der folgenden Partnerübung kommen Sie ein Stück hinter dieses Geheimnis – Sie werden erstaunt sein.

Ratespiel mit einem Unbekannten

Am besten klappt dieses Spiel mit einem Partner oder einer Partnerin, die Sie kaum oder noch gar nicht kennen. Es eignet sich auch als ungezwungenes Spiel zum Kennenlernen in einer neuen Gruppe, für einen Kurs oder auf einem Fest.

Sie können das Ratespiel auch für sich spielen, zum Beispiel zu Beginn eines Volkshochschulkurses oder bei einem Fest. Fertigen Sie in Gedanken ein Persönlichkeitsportrait von einem Kursteilnehmer oder einem unbekannten Gast an. Im Laufe des Kurses werden Sie ihn oder sie besser kennenlernen und überprüfen können, ob Sie richtig geraten haben.

Ohne Fragen richtig raten

Die Partner stehen so weit voneinander entfernt, daß sie sich, ohne sich bewegen zu müssen, ganz im Blickfeld haben. Sehen Sie sich beide aufmerksam an, und versuchen Sie, sich aufgrund der äußeren Erscheinung und der Haltung des anderen ein Bild von ihm zu machen. Dabei gehen Ihnen zum Beispiel folgende oder ähnliche Gedanken durch den Kopf:

- Wie alt ist mein Gegenüber?
- Welchen Beruf hat er/sie? Sehen die Hände nach Handarbeit aus? Sind sie kräftig, ist die Haut rissig? Oder sind es eher »Bürohände«?
- Welche Hobbys oder Vorlieben könnte mein Gegenüber haben?
- Ist er/sie Single, oder lebt er/sie in einer festen Partnerschaft?
- Ist er/sie eher introvertiert, oder geht er/sie spontan auf Leute zu und ist immer zu Späßen aufgelegt?
- Welcher Dynamiktyp (Seite 60 bis 64) ist er/sie? Ist er ein »Flatterer« oder eher ein »Tupfer«? »Stößt« oder »gleitet« sie?

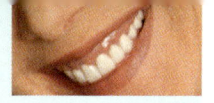

Prüfende Blicke bei der ersten Begegnung: Er ist sympathisch. Was macht er beruflich? Können wir ihm vertrauen?

Der erste Eindruck in Zahlen: Etwa 59 Prozent des ersten Eindrucks werden bestimmt von Aussehen, Kleidung, Haltung, Gestik und Mimik. 38 Prozent machen Sprechgeschwindigkeit, Stimmlage, Betonung und Modulation aus und nur drei Prozent der Inhalt dessen, was einer sagt.

Neugierig auf sich selbst werden

Betrachten Sie sich so etwa drei Minuten lang gegenseitig, dann teilen Sie sich mit, was Sie sich über den anderen ausgedacht haben und wodurch Sie auf diese Gedanken kamen. Verblüffend ist in einem solchen Moment immer die hohe »Trefferquote« bei beiden. Sie erfahren vor allem auch sehr viel über sich selbst, wie Sie auf andere wirken und wie bestimmte rein äußere Merkmale ankommen und auf das Innere schließen lassen. Diese Übung kann auch Ihr Vertrauen in sich selbst stärken, denn Sie entdecken, daß Sie Ihrem »ersten Eindruck«, der im weiteren Verlauf des Kennenlernens wieder durch andere Eindrücke überlagert wird, doch trauen können.

Kontakt aufnehmen und lebendig erhalten

Woran können Sie erkennen, ob Sie einen guten Kontakt zu jemandem haben? Ihr Einfühlungsvermögen wird Ihnen deutlich zeigen, wo die Beziehung zu anderen gehemmt oder gestört ist und mit wem Sie die gleiche »Wellenlänge« haben. Je unvoreingenommener und aufmerksamer Sie einem Menschen gegenübertreten, je mehr Sie sich und den anderen wertschätzen, je besser Sie seine Gefühlswelt und seine Sprache verstehen, desto besser wird auch der Kontakt zwischen Ihnen sein.

Einen guten Kontakt aufbauen

Wer einen anderen richtig einschätzt und sich auf ihn »einstellt« – auch körperlich – dem wird es leichter fallen, eine gute Beziehung zu ihm herzustellen. Die Körpersprache spielt eine wesentliche Rolle bei der Art, wie Menschen Kontakt miteinander aufnehmen und wie Sie die Kontakte erhalten und vertiefen. Im Idealfall haben die Partner das Gefühl, daß ihr Sprechrhythmus und ihre Bewegungen miteinander harmonieren wie bei einem gut eingespielten Streichquartett, das auch ohne Dirigenten im Takt bleibt. Am deutlichsten können Sie das bei freundschaftlichen Beziehungen oder Liebespaaren beobachten.

Sich Schritt für Schritt annähern

Der Verhaltensforscher Desmond Morris beschrieb, wie Menschen Kontakt aufnehmen und weiterführen. Wiederum reagiert zuerst der Körper. Noch bevor Sie jemanden ansprechen, werden Sie ihn ansehen. Zunächst fällt Ihr Blick auf seinen Körper, dann nehmen Sie direkten Augenkontakt auf. Erst jetzt folgt die Stimme. Die Form, wie der Körperkontakt weitergeführt wird – in der Folge Hand zu Hand, Arm zu Schulter, Arm zu Hüfte, Mund zu Mund –, zeigt auch an, ob und wie Kontakte vertieft werden und welchen Grad der Vertrautheit und Intimität sie erreichen.

Das Wort »Kontakt« bedeutet Berührung, Verbindung. Der »Takt« ist ein abgemessenes Zeitmaß, in dem eine rhythmische Bewegung stattfindet. Je besser Ihre Bewegungen aufeinander abgestimmt sind, je mehr Gleichklang zwischen Ihnen und anderen herrscht, desto mehr Berührungspunkte wird es zwischen Ihnen geben.

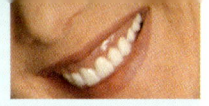

Kontaktaufnahme

1

TIP

Fällt es Ihnen schwer, andere Menschen anzusprechen? Lassen Sie sich doch von Ihrer Körpersprache helfen. Nehmen Sie zuerst bewußt Blickkontakt auf, lächeln Sie – nicht übertrieben und aufdringlich, sondern freundlich. Sie werden sehen, wie der andere reagiert. Blickt er offen zurück? Verändert sich seine Haltung? Wenn Augen und Haltung schon einmal miteinander sprechen, kann die Stimme leichter folgen.

2

❶ Die beiden haben noch kein Interesse aneinander. Der Blick und der ganze Körper sind abgewandt.

❷ Kontakt wird über Augen und Körper aufgenommen. Sie riskiert einen Blick. Er wendet seinen Kopf in ihre Richtung.

Wenn negative Gedanken und Gefühle — »Ich wirke sicher schrecklich krumm, verklemmt ...!« oder »Jeder kann sehen, wie meine Hände zittern!« — Sie verunsichern, während Sie mit jemandem sprechen, dann atmen Sie tief durch und formulieren Sie Ihre hemmenden Gedanken positiv um: »Es macht mich sympathisch, daß ich nicht so aufdringlich bin ...« oder »Ich bin feinfühlig, und das darf man auch sehen.« Sie werden spüren, wie Sie ruhiger und sicherer werden.

❸ Er wagt einen genaueren Blick. Sie wendet sich ihm halb zu. Seine Hände öffnen sich, das Gespräch kann beginnen.

❹ Beide haben sich einander zugewandt, lediglich die verschränkten Beine verraten noch eine gewisse Zurückhaltung.

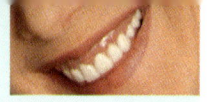

»Es hat gefunkt« oder »Beide haben einen guten Draht zueinander« – geflügelte Worte wie diese zeigen, daß der Kontakt gelungen ist: Die Energien können zwischen beiden fließen. Denn Menschen senden Energien aus und nehmen sie umgekehrt auch von anderen auf.

❺ Arm- und Körperhaltung zeigen, daß hier die Kontaktaufnahme gelungen ist und beide sich zugetan sind.

❻ Die letzten Zweifel sind ausgeräumt. Die Beine stehen locker und sicher. Beide sind einander ganz zugewandt.

Die richtige Ausgangsposition

Wenn Sie gleich von Anfang an die richtige Position zum anderen finden, gelingt ein guter Kontakt viel besser. Das ist besonders wichtig, wenn Sie vor einem Treffen stehen, das für Sie beruflich oder privat große Bedeutung hat. Versuchen Sie herauszufinden, in welcher Position es Ihnen am besten gelingt, einen guten Kontakt zum anderen zu finden.

● Setzen Sie sich mit einem Partner auf zwei Stühle in einer Ausgangsposition, die allein durch die Aufstellung der Stühle und durch die Körpersprache ausdrückt: »Ich möchte keinen Kontakt haben«.

● Verändern Sie jetzt jeweils nacheinander Ihre Haltung und die Stuhlposition im Drei-Sekunden-Takt (Seite 21) so lange, bis Sie spüren: »Jetzt hat es gefunkt. Wir haben die ideale Position für einen guten Kontakt erreicht.«

Guter Kontakt im Alltag

Im alltäglichen Leben können Sie beobachten, wie und wo Sie in unterschiedlichen Situationen sitzen oder stehen und in welcher Weise sich das auf Ihre Beziehung zu Ihren Mitmenschen auswirkt. Stellen Sie fest, was Abstand und Nähe aussagen können (ab Seite 24). Versuchen Sie auch herauszufinden, welcher Platz bei geschäftlichen Verhandlungen, bei Unterredungen mit Ihrem Chef, mit Kollegen oder mit Ihnen untergeordneten Mitarbeitern Ihnen am angenehmsten ist. Oder überlegen Sie wo Sie am liebsten im Restaurant oder in freundschaftlicher Runde sitzen. Wo und wie können Sie am besten den Kontakt aufnehmen, den Sie sich gerade wünschen? Und wo sitzen Sie, wenn Sie ungestört und unbeachtet bleiben wollen?

Finden Sie den richtigen Platz

Jemand, der erst einmal still beobachten möchte, bevor er sich am Geschehen beteiligt, wird sich einen Eckplatz suchen. Hauptdarsteller und Chefs sitzen am Kopf oder in der Mitte eines Tisches. Für ein vertrautes Gespräch ist es optimal, wenn Sie über Eck sitzen. Auf den folgenden Seiten finden Sie einige Sitzpositionen und erfahren, welche Wirkung diese haben können.

Achten Sie bei jeder wichtigen Begegnung darauf, daß diese auch äußerlich so störungsfrei wie möglich ablaufen kann. Nebengeräusche können den Kontakt stören, aber auch wenn jemand zu leise oder zu laut spricht, Buchstaben oder Silben verschluckt. Wenn Sie solche Störungen an sich kennen, kann Ihnen ein Sprechtraining helfen.

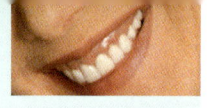

Beachten Sie, wenn Sie das nächste Mal mit Freunden essen gehen, wie bei Tisch jeder sein Gebiet absteckt — mit der Zigarettenschachtel, dem Aschenbecher oder der Serviette. Je öfter Sie Übergriffe auf den abgegrenzten Bezirk des anderen machen, desto unruhiger wird er reagieren. In der Körpersprache zeigt sich auch, wieviel Raum wir beanspruchen und wieviel wir dem anderen lassen.

❶ Wenn zwei sich gegenübersitzen, schauen sie sich gerne tief in die Augen oder streiten offen und selbstbewußt. Konkurrenten sitzen so und gleichberechtigte Partner.

❷ Seite an Seite — das setzt schon voraus, daß Sie in vielen Punkten mit Ihrem Gesprächspartner übereinstimmen. Aus dieser Position heraus kann man gut gemeinsam arbeiten.

Wenn Sie neu in eine Runde kommen, seien es Freunde, Kursteilnehmer oder Arbeitskollegen, versuchen Sie zunächst an der Haltung und Gestik der anderen etwas mehr über ihre Rolle in der Gruppe herauszufinden. Suchen Sie sich dann den Platz, an dem Sie sich am wohlsten fühlen.

❸ Am besten können Sie über Eck verhandeln. Sie können den anderen ansehen oder nicht, so wie es die Situation erfordert und je nachdem, wie wohl Sie sich dabei fühlen.

❹ Die Konferenzrunde – der Chef sitzt am oberen Tischende, die zweitwichtigste Person ihm gegenüber. Links und rechts neben dem Chef sitzen seine Vertrauten.

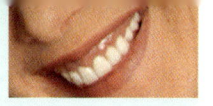

Damit Kontakte ohne Konflikte verlaufen

Während Sie sich bei der Kontaktaufnahme im Drei-Sekunden-Takt (Seite 21) aufeinander zu und auseinander bewegen, läuft im Unterbewußtsein ein zweiter Film ab, dessen Dramaturgie so aussieht: wahrnehmen – analysieren – auswerten – entscheiden – handeln – reagieren. Eine Art innerer Kontrolleur, die anerzogenen Verhaltensmuster, spult einen ganzen Fragenkatalog ab:

● Was kann ich tun (um etwas zu erreichen) –
● Was darf ich tun (Lasse ich oder lassen andere das zu?) –
● Was muß ich tun (Was erwarte ich oder was erwarten andere von mir? Was ist nicht aufschiebbar?) –
● Was will ich tun (die erfolgversprechendste Form, um etwas zu erreichen) –
● Was soll ich tun (innere Unsicherheit oder eine Mischform aus »müssen« und »wollen«) –
damit der Kontakt möglichst konfliktfrei bleibt?

Alte Kontaktbarrieren aufdecken

Versuchen Sie, einmal in Ruhe für sich diese Fragen zu klären, indem Sie sich eine Gesprächssituation vorstellen und mit Worten und vor allem auch mit Ihrer Körpersprache durchspielen. Sie können auch schriftlich die wichtigsten Punkte festhalten. Beispielsweise, daß Sie Ihrem Gesprächspartner immer offen in die Augen sehen, die Hände auf den Tisch legen und den Gesprächspartner auch mal kurz berühren, falls ein Konflikt sich anbahnt. Dabei werden Sie sehen, wie oft alte Ermahnungen wie »Das darfst du nicht!«, »Halte dich zurück!« sich tief in Ihnen festgesetzt haben und Sie immer wieder hemmen und zurückhalten. Auch geschlechtsspezifische Erziehungsmuster zeigen sich im unterschiedlichen Verhalten von Frauen und Männern. Frauen neigen dazu, sich danach zu richten, was andere von ihnen erwarten. Männer versuchen nicht selten, ihren Willen durchzusetzen, indem sie besonders energisch auftreten und kaum auf den anderen eingehen.
Wenn es Ihnen gelingt, Kontakte in einer Form weiterzuführen, daß ein »guter Draht« hergestellt wird und erhalten bleibt, dann werden Sie auch Ihre Ziele und Ideen besser verwirklichen können.

Frauen lassen sich im Berufsleben noch viel häufiger als Männer von alten Geboten und Verboten leiten. Sie beanspruchen bei Gesprächen weniger Platz, lächeln häufiger, um gute Stimmung zu machen und äußern sich in ihrer ganzen Gestik zurückhaltender. Karriereberaterinnen raten Frauen deshalb, ruhig etwas mehr Raum einzunehmen. Stehen Sie zu Ihren Ideen, aber nicht mit lauter, hoher Stimme, sondern in einem ruhigen, mittleren Tonfall.

Wenn Füße sprechen

Achten Sie bei allen Kontakten immer auch mal auf die Füße. Stehen sie zu Ihnen gerichtet oder von Ihnen abgewandt? Seine Füße signalisieren Ihnen, wie aufmerksam Ihr Gesprächspartner Ihnen gegenüber wirklich ist.

Die Sprache der Füße

❶ Hier tauschen sich beide mit ungeteiltem Interesse aus. Sie zeigen nicht nur durch Blickkontakt, Armhaltung und den zugewandten Oberkörper, daß jeder ganz bei dem ist, was der andere gerade mitteilt. Auch die Füße stimmen überein: Sie stehen sicher und entspannt auf dem Boden, und die Fußspitzen weisen zum Gesprächspartner.

❷ Beide scheinen noch aufmerksam ins Gespräch vertieft. Sie stehen einander zugewandt und blicken sich an. Doch die junge Frau ist mit ihren Gedanken schon woanders. Sie hat, obwohl ihr Oberkörper noch Aufmerksamkeit signalisiert, die Füße abgewandt, so als ob sie sich jetzt gleich umwenden und gehen möchte. Für ihren Partner ein Zeichen, sich knapper zu fassen oder ein Stück mit ihr zu gehen.

Manche Menschen sind ständig auf dem Sprung. Sie schaffen es kaum, sich ruhig hinzustellen und sich – sei es auch nur für wenige Minuten – ganz auf ihr Gegenüber einzulassen. Dahinter kann wirkliche Überlastung stecken, offenkundiges Desinteresse oder aber auch eine unsichere Persönlichkeit, die zu wenig Selbstvertrauen hat, um sich offen anderen zuzuwenden.

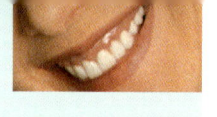

Gute Gespräche führen zum Erfolg

Davon, wie Menschen miteinander reden, hängt im beruflichen wie im privaten Leben sehr viel ab. Damit Sie einen »guten Draht« zu anderen finden, ist es nicht nur wichtig, daß Sie sich sprachlich gut und verständlich ausdrücken, sondern auch, daß Ihre Körpersprache harmonisch ist. Wenn Sie lernen, sich körpersprachlich sicher mitzuteilen und einfühlsam auf andere zuzugehen, wird es für Sie leichter sein, Ihren Alltag und Ihre Kontakte erfolgreich und befriedigend zu gestalten.

Wenn Sie ein gutes Gespür für Ihre Körpersprache und die anderer entwickeln, können Sie sehr flexibel in Gesprächen reagieren. Sie sehen, ob der andere aufmerksam bleibt oder Ihnen nicht folgen kann, ob Sie ihn überfahren und er auch einmal etwas sagen möchte. Entsprechend können Sie sich zurücknehmen, Ihr Sprechtempo verändern, dem anderen mehr Raum und Zeit lassen und so den Kontakt lebendig erhalten.

Gespräche vorbereiten

Sie kennen sich inzwischen recht gut und wissen, wo Ihre empfindlichen Punkte, aber vor allem auch, wo Ihre Stärken liegen. Sie haben gelernt, zu beobachten und sich und andere wahrzunehmen. Setzen Sie dieses Wissen und diese Fähigkeiten im alltäglichen Umgang mit anderen auch bewußt ein. Besonders hilfreich ist es, wenn Sie sich vor wichtigen beruflichen und privaten Gesprächen nicht nur inhaltlich vorbereiten, also auf der Sachebene, sondern sich auch Gedanken über die Beziehungsebene (Seite 13) machen und darüber, wie Sie körpersprachlich Ihre Ideen und Wünsche am besten vorbringen.

Die Kommunikation muß stimmen

Ihr Gegenüber nimmt die Reize, die Sie aussenden, wahr, und das, was es wahrnimmt, prägt seine Gefühle und Gedanken. Ihr Gesprächspartner findet für sich eine Lösung und reagiert nun seinerseits wieder sprachlich und körpersprachlich. Seine Reaktion und Ihr weiteres Verhalten bestimmen, wie die Kommunikation zwischen Ihnen abläuft. Wenn die Verständigung auf gleicher Ebene stattfindet, passen beide ihr Verhalten einander an und geben im Wechsel die Führung ab. Es gibt gewisse Grundregeln (siehe rechts), die Ihnen nicht nur bei wichtigen Gesprächen helfen – sie führen auch im ganz alltäglichen Umgang mit Ihrem Mitmenschen dazu, daß die Kommunikation zwischen Ihnen und den anderen stimmt. Beispiele für diese Regeln finden Sie auf den folgenden Seiten. Auch Störungen in den unterschiedlichen Beziehungen können Sie abmildern, wenn Sie versuchen, Ihre innere Einstellung und Ihre äußere Haltung in Einklang zu bringen. Sprechen Sie immer gleichzeitig auf der Sach- und auf der Beziehungsebene. Lassen Sie sich deshalb von der Sympathie zum Menschen und von der Sympathie zur Sache leiten. Wenn Sie voll und ganz zu dem stehen, was Sie sagen, wird Ihre Körpersprache mit Ihren Worten harmonieren, und Sie wirken überzeugend. Nehmen Sie die anderen immer ernst. Auch für den Gegner gilt: »Du bist mir im Moment am wichtigsten!« Durch diese innere Einstellung vermitteln Sie Sicherheit.

Goldene Regeln für ein gutes Gespräch

● Bleiben Sie kongruent: Worte und Gesten sollen übereinstimmen. Nicht: »Ich sage ganz offen ...« – und die Hände sind auf dem Rücken.
● Zeigen Sie, daß Sie aufmerksam und entspannt sind, mit einer aufrechten Haltung (signalisiert Aufmerksamkeit), entspannter Gestik (auf lockere, entspannte Hände achten!) und entspannter Mimik (vermittelt Sicherheit) sowie mit gleichmäßigem Atmen (zeigt Souveränität, läßt deutlicher sprechen).
● Vermitteln Sie Sicherheit: Sitzen Sie gerade, die Füße haben Bodenkontakt, oder stellen Sie sich sicher und fest hin, aber nicht steif. Vermeiden Sie Drohungen, Abwehr, Abwertung und Barrieren wie Zeigefinger-Stoßgesten (Seite 115), verschränkte Arme, aufeinander gepreßte Lippen, verkniffene Augen.
● Geben Sie dem anderen Zeit und Raum. Spüren und respektieren Sie körperliche Distanzen.
● Bleiben Sie freundlich – zuviel Lächeln sagt allerdings: »Ich nehme dich nicht ernst«.
● Bewegen Sie sich, dann bleiben auch Gespräche lebendig. »Festgefahrene« Dialoge können Sie durch Bewegung wieder in Gang bringen, indem Sie zum Beispiel die Haltung oder das Sprechtempo ändern oder ein Stück zusammen gehen.

Gleichgültig, ob Sie sich mit einem Kind, einem Untergebenen oder Ihrem Chef unterhalten – vermeiden Sie Besserwisser-Gesten: Ob Sie nun den Finger belehrend in die Höhe heben oder sich stolz an die Brust klopfen – der andere empfindet sie als bedrohlich und zieht sich zurück. Auch zu viele schmeichelnde, weiche Gesten und häufiges Anfassen rufen oft Abwehr hervor. Mit einer offenen Haltung überzeugen Sie mehr und gewinnen Sympathien.

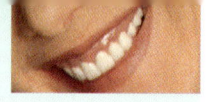

Worte und Körpersprache stimmen überein

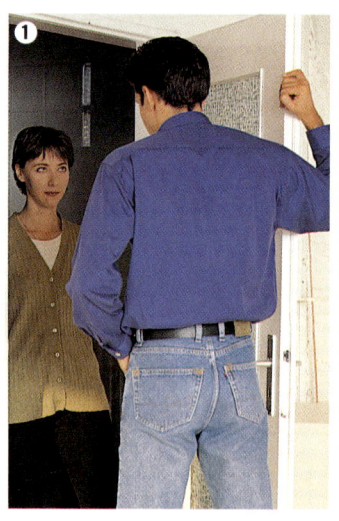

!

Seien Sie ehrlich mit sich und anderen: Eine abweisende Haltung, die im klaren Widerspruch zu Ihren Worten steht, ist oft viel verletzender als ein offenes Wort. Wenn Sie freundlich erklären: »Ich habe jetzt leider keine Zeit, ...«, dann brauchen Sie körpersprachlich keine so starken Barrieren aufzubauen.

❶ Wenn Worte und Körpersprache nicht kongruent sind: »Ach, hallo! Schön, dich zu sehen. Komm doch herein!«, meint der junge Mann. Er sagt es zwar, aber seine Haltung drückt etwas ganz anderes aus. Er baut mehrere Barrieren auf: Er stellt sich direkt vor den Türrahmen und versperrt den Weg. Er läßt zwar links noch einen Spaltbreit Platz, aber steckt die linke Hand in die Hosentasche. Das signalisiert Verschlossenheit. »Ich will mich (jetzt) eigentlich nicht für dich öffnen«. Mit der rechten Hand umklammert er die Tür, so als ob er sie gleich wieder schließen möchte.

❷ Hier sagen Worte und Körpersprache dasselbe: Er gibt den Weg frei, lächelt seiner Besucherin direkt in die Augen. Die rechte Hand ist an der Klinke, er scheint dadurch die Türe noch weiter zu öffnen. Seine linke Hand unterstreicht die einladenden Worte: Sie ist geöffnet und weist in den Raum hinein. Entsprechend kann die junge Frau reagieren. Mit offener Haltung, entspannt herabhängenden Armen und Händen und zufriedenem Lächeln kann sie das Zimmer betreten.

Vermitteln Sie Sicherheit

1

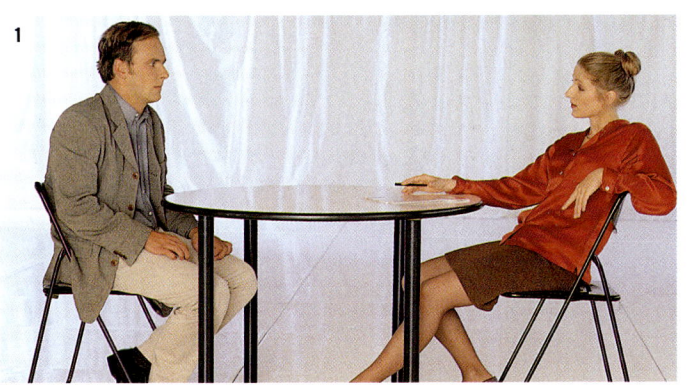

2

Üben Sie beispielsweise vor einem Vorstellungsgepräch diese Szenenfolge durch. Erkennen Sie dabei, welche Körperhaltung Sie in solchen Situationen einnehmen, und lernen Sie anhand dieser Fotos Schritt für Schritt, wie Sie Ihre Körpersprache verbessern und zum Ausdruck bringen können, daß Sie der neuen Position gewachsen sind.

❶ Unsicherheit ruft Skepsis hervor: Versetzen Sie sich in die Position des Mannes: der Brustkorb eingesunken, die Hände verlegen unter dem Tisch, die Fußspitzen aufgestellt, als wollten Sie wegspringen. Das wirkt unsicher. Die Gesprächspartnerin reagiert skeptisch-distanziert. Den Stift richtet sie wie eine Pistole auf ihn.

❷ Bodenkontakt zeigt innere Festigkeit: Stellen Sie beide Füße ganz auf den Boden. Der feste Stand verschafft Ihnen Sicherheit und Energie. Der Rücken richtet sich dadurch automatisch auf. Ihr Blick wird offener. Die Gesprächspartnerin neigt sich nach vorne, öffnet eine Hand. Die sichere Haltung ihres Gegenübers hat ihr Interesse geweckt.

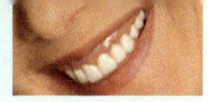

3

TIP

Achten Sie bei Gesprächen immer wieder einmal auf Ihre Hände. Krampfen Sie sie öfters unbewußt zur Faust, oder umklammern Sie die Stuhllehne, einen Stift oder den Griff Ihrer Aktentasche? Entspannen Sie, und öffnen Sie die Finger ganz langsam: Sie atmen unwillkürlich ruhiger und fühlen sich gleich sicherer.

4

❸ Die Hände sind wichtig für den Kontakt: Nehmen Sie die Hände nach oben. Sie haben nichts zu verbergen. Die Hand auf dem Tisch hält den Kontakt aufrecht. Sie können auch einmal eine Hand locker auf das Knie legen, wenn das Ihnen hilft, ruhiger zu werden. Beide Hände der Gesprächspartnerin weisen in Ihre Richtung. Der leicht zur Seite geneigte Kopf zeigt wachsendes Interesse.

❹ Sie sind aufmerksam, entspannt und sicher: Sie sitzen gerade, haben guten Bodenkontakt, sind leicht nach vorne geneigt. Sie blicken Ihr Gegenüber offen an, haben die Hände offen auf dem Tisch liegen und zeigen dadurch Ihre Aufmerksamkeit. Die Gesprächspartnerin ist auf dem Stuhl etwas nach vorne gerutscht, ihr Oberkörper ist gerade und zugewandt.

Drohungen und Barrieren vermeiden

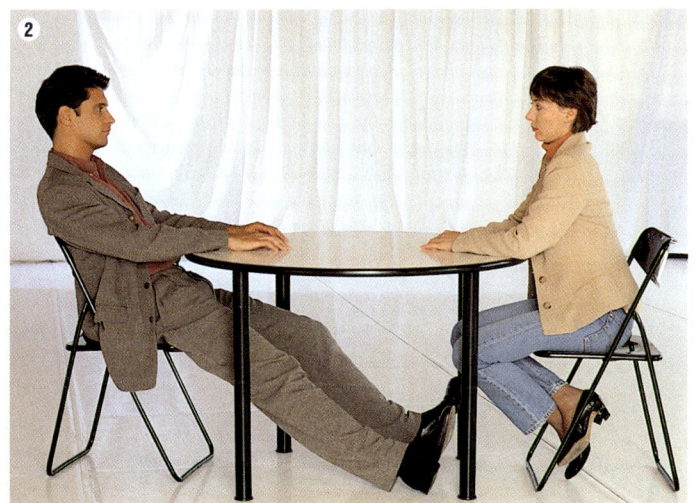

Bleiben Sie bei Auseinandersetzungen offen und zugewandt. Vermeiden Sie Gesten, mit denen Sie den anderen angreifen, bedrängen oder gar beleidigen. Auch Ihr Gegenüber wird Sie ernster nehmen, wenn Sie ihm aufrecht und mit offener Haltung gegenübersitzen. Sie zeigen dadurch Selbstsicherheit, und die überzeugt mehr als feindselige Verschlossenheit.

❶ Der Zeigefinger der Frau wirkt wie eine Pistole. Die unter dem Tisch verschränkten Beine verstärken die Abwehr.

❷ Weit ausgestreckte Beine erzeugen Abstand. Ihre Füße weichen zurück. Ein offener Kontakt wird so behindert.

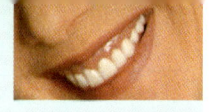

Der direkte Blickkontakt ist nicht für jeden angenehm. Setzen oder stellen Sie sich so hin, daß Sie jederzeit Blickkontakt aufnehmen können. Wechseln Sie, während Sie reden oder zuhören, die Blickrichtung, blicken Sie Ihr Gegenüber an (Drei-Sekunden-Takt) und dann wieder zur Seite und wieder zum anderen. So bleibt die Unterhaltung lebhaft.

❸ Hier richten sich die Beine nicht gegen die Partnerin. Entsprechend kann sie ihre Beine bequem und dennoch zugewandt ausrichten. Arme und Hände zeigen Entspanntheit.

❹ Keiner versteckt sich vor dem anderen oder bedroht ihn. Die Hände sind offen, die Handhaltungen stimmen sogar überein. Die Beine stehen unverkrampft und sicher.

Auf den anderen reagieren

Jeder Ausdruck hinterläßt einen Eindruck: Wenn Sie
wahrnehmen, wie andere auf Sie reagieren, wissen Sie,
wie Sie »ankommen«. Sie erkennen die Rückmeldung auf
Ihr Verhalten. Positive Aufmerksamkeit stärkt das Selbstbewußtsein, negative Rückmeldung mindert das Selbstbewußtsein. Wer zuwenig Rückmeldung – im modernen
Sprachgebrauch auch Feedback genannt – erfährt, gerät
privat und beruflich leicht in die Isolation. Jeder braucht
die – positive oder negative – Rückmeldung anderer
(denken Sie an das Experiment von Kaiser Friedrich II.,
Seite 13). Selbst wenn jemand geschlagen wird, wird er
leichter überleben, als wenn er vergessen wird.

**Es ist nicht immer leicht, Kri-
tik gelassen entgegenzuneh-
men. Aber Sie können durch
eine entsprechende körperliche und geistige Haltung Kritik gewinnbringend verarbeiten: Hören Sie zu, zeigen Sie
auch durch Ihre Haltung
Offenheit, Rechtfertigen Sie
sich nicht. Seien Sie dankbar
für die Offenheit des anderen.**

Kuscheldecke und Reibeisen fürs Feedback

Jeder braucht positive Feedback-Geber, die nicht nur mit
Worten, sondern auch durch ihre Körpersprache ausdrücken: »Du kommst gut bei mir an.« Es gibt Menschen,
deren Feedback guttut wie eine »Kuscheldecke«. Sie heben
immer zuerst die positiven Seiten hervor, und wenn sie
überhaupt kritisieren, dann steht hinter dieser Kritik dennoch Wohlwollen und Offenheit – und das zeigt sich auch
durch eine offene, zugewandte Haltung.
Andere schmeicheln ständig und verpacken ihre Kritik in
Watte. Sie haben ein ungutes Gefühl bei dieser Art von
Rückmeldung, Sie spüren, daß der andere sich zu weich
und schwammig bewegt, ständig lächelt. Durch seine Fuß-
oder Armhaltung oder durch den Blick seiner Augen verrät
dieser »Wattebausch« jedoch häufig, daß er Ihnen gar nicht
so wohlgesonnen ist.
Manchmal Neues, nicht immer Schmeichelhaftes erfahren
Sie von den typischen »Reibeisen«. Leute, die immer unver-
blümt sagen, was sie denken, sind nicht jedermanns Sache.
Manchmal kann ihre lose Zunge jedoch auch eine ganz
besondere Anregung oder Herausforderung sein, wenn Sie
sich davon nicht zu sehr verunsichern lassen. Achten Sie
darauf, wie jemand seine Kritik körpersprachlich anbringt:

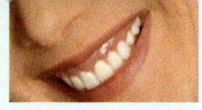

Fühlen Sie sich bedrängt durch seine heftigen Gesten oder verletzt durch seine abweisende Haltung und geringschätzige Miene? Versuchen Sie, in nächster Zeit einmal herauszufinden, in welcher Form, vor allem körpersprachlich, Sie Lob oder Kritik am besten annehmen können.

Welches Feedback geben Sie?

Beobachten Sie sich beim nächsten Gespräch: Welche Art der Rückmeldung geben Sie anderen, und wie reagieren diese wiederum darauf? Wenn Sie anderen immer nur schmeicheln, werden Sie selbst nicht besonders ernst genommen. Wenn Sie ständig kritisieren, vielleicht um sich selbst aufzuwerten, und sich auch mit Ihrem Körper rechthaberisch oder arrogant geben, werden Sie beruflich wie privat immer wieder Barrieren aufbauen. Je offener, eindeutiger und konstruktiver Sie auf andere reagieren, desto besser wird der Kontakt funktionieren, und desto besser werden Sie Ihre Ziele verwirklichen können. Die folgenden Tips zeigen Ihnen, wie Sie körpersprachlich ein positives Feedback geben (siehe auch Regeln für Gespräche, Seite 111):

Körper und Geist sind eine Einheit. Achten Sie deshalb darauf, wie Sie Ihr Feedback vorbringen: Sprechen Sie in der »Ich-Form«. Beschreiben Sie genau, was Sie wahrnehmen. Werten Sie nicht, wie: »Schlecht finde ich ...«. Seien Sie ein guter Verhaltenstrainer, der auch zugeben kann, daß er sich irrt.

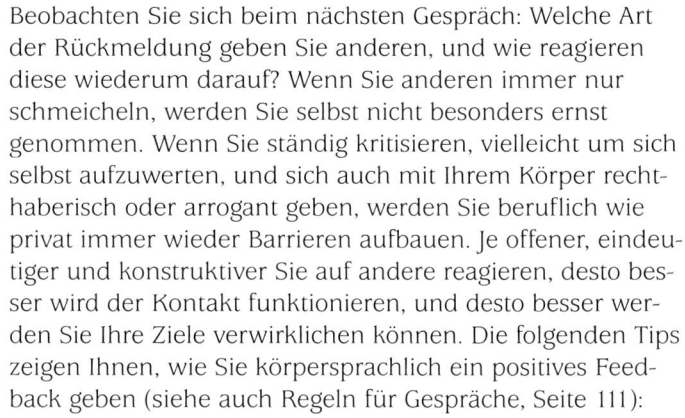

Tips für Feedback-Geber

● Seien Sie aufrichtig: Seien Sie nicht nur ehrlich in Ihren gesprochenen Antworten: Setzen oder stellen Sie sich aufrecht hin, dem anderen zugewandt. Blicken Sie ihn direkt an.
● Seien Sie offen: Eine offene Arm- und Handhaltung (Seite 86) zeigt, daß Sie Lob ehrlich meinen oder daß Sie den anderen trotz möglicher Meinungsverschiedenheiten oder Kritik nicht ablehnen.
● Bleiben Sie einfühlsam: Entwickeln Sie ein Gespür für die jeweilige Situation. Lassen Sie wieder Raum für Ihre Intuition und Spontaneität, indem Sie jemand tröstend in die Arme nehmen oder ihm mehr Raum geben, weil Sie spüren, daß Sie ihn in die Enge drängen.
● Seien Sie flexibel: Lernen Sie, durch Ihre Körpersprache Kontakte zu erleichtern oder Zeichen zu setzen. Schüchternen Menschen werden Sie körpersprachlich anders begegnen als selbstbewußten Polterern. Einmal nehmen Sie sich mehr zurück, das andere Mal setzen Sie selbstbewußte Bewegungen entgegen.

Gleiche Gestik – guter Kontakt

Wenn das Gespräch zwischen Ihnen und Ihrem Gesprächspartner besonders angeregt und gut verläuft, werden Sie feststellen, daß Sie beide ganz unbewußt Haltung und Gestik einander angleichen. Wenn Sie die Handbewegungen Ihres Partners, seine Körperhaltung, seine Fußstellung und auch seine Stimmlage aufnehmen, bedeutet das, daß Sie sich gut auf ihn einstellen können. Die Körpersprache drückt aus: Körper, Geist und Seele sind in Einklang – also auch Gedanken und Meinungen. Sie zeigen Einfühlungsvermögen, vermitteln Sympathie und geben durch Ihre an den Partner angepaßte Körperhaltung ein positives Feedback.

Es wird auch Situationen geben, in denen Sie jemanden unmißverständlich in seine Schranken weisen oder klar ablehnend reagieren müssen. Wenn Sie sich auch körperlich entschlossen abwenden, wird der Übergreifer die Zurückweisung deutlich verstehen. Gerade wenn Sie sich angegriffen fühlen, gilt: Die Körpersprache muß klar und eindeutig sein.

Der Spiegel des anderen sein

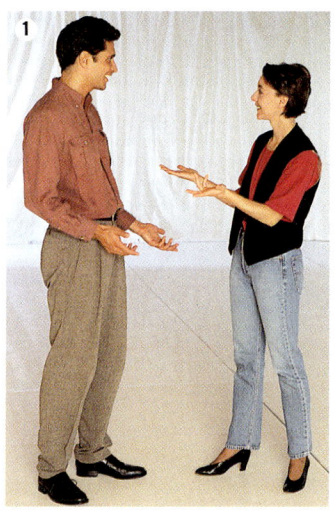

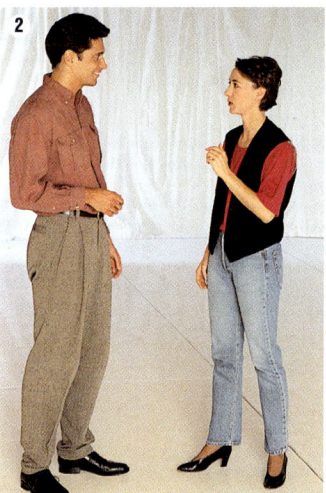

❶ Beide sind gut aufeinander eingestimmt: Sie öffnen gleichzeitig Arme und Hände, die Füße stehen spiegelbildlich. Jeder reagiert auf die Haltung des anderen, indem er sie spontan übernimmt, ohne sie nachzuahmen.

❷ Wenn auch die Haltung hier nicht so deutlich offen und zugewandt ist, zeigt die gleiche Gestik an, daß beide sich gut verständigen können. Die Füße deuten Aufmerksamkeit an, die leicht geöffnete Hand zeigt: »Ich höre dir zu.«

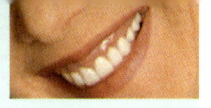

Der Spiegel des anderen sein

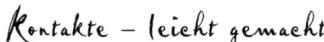

Selbstbewußt und unver-
krampft der Spiegel des
anderen sein: Der gute Kontakt zwischen zwei Menschen
zeigt sich an offenen, einander zugewandten Händen
und einer sich spiegelnden
Fußhaltung, die Sicherheit
und Zuwendung verrät.

❶ Beide haben Ihre Hände
selbstbewußt auf dem Tisch.
Sie blicken sich offen an. Die
Fußspitzen weisen zum anderen.

❷ Beide öffnen ihre Hände
gleichzeitig. Sie haben durch
Ihre Körpersprache einen festen
Gesprächsfaden geknüpft.

Ein Gefühl für Nähe und Distanz entwickeln

Wenn Sie sich eher vom Tastsinn leiten lassen (Seite 68 bis
70), fassen Sie sicher oft und gern andere im Gespräch an.
Mittel- und Nordeuropäer haben im allgemeinen mehr
Scheu vor Körperkontakt und empfinden auch eine wohl-
wollende Berührung schnell als Übergriff. Andererseits hilft
die Hand auf der Schulter des anderen häufig, Spannungen
abzubauen und einen guten Kontakt herzustellen. Versuchen Sie zu spüren, wie der andere auf Berührung reagiert,
und stellen Sie sich entsprechend darauf ein.

Haben Sie keine Scheu vor
Berührungen. Mit etwas
Gefühl für die Situation werden Sie erkennen, daß eine
leichte Berührung am Arm
oder an der Schulter ein Lob
bekräftigt oder eine Ent-
schuldigung. Berühren tröstet,
oder es entschärft die Spannung bei Konflikten.

Berühren mit Gespür

❶ Der junge Mann spürt die
Grenze nicht. Er will ungezwun-
genen Kontakt herstellen und
legt ihr sehr vereinnahmend
den Arm um die Schulter. Dabei
beugt er sich so nah zu ihr, daß
ihr kein Raum mehr bleibt. Ihre
spontane Reaktion: Sie weicht
zurück, um sich der Umarmung
zu entziehen.

❷ Hier stimmt die Berührung:
Ihre Hand liegt locker auf seiner Schulter, sie steht neben
ihm, so daß keiner sich beengt
fühlt. Beide konzentrieren sich
auf die Sache, jeder kann bei
sich bleiben, und doch entsteht
eine entspannte, zugewandte
Kontaktsitutation.

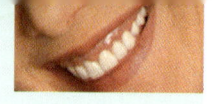

Ungleiche Positionen überwinden

Sie kennen sicher die Situation: Einer sitzt, ein anderer kommt hinzu, um mit ihm über etwas zu reden. So ein Gespräch kann ganz ungezwungen ablaufen, wenn beide sich gut verstehen und der, der steht, dem anderen nicht zu naherückt, so daß dieser zu ihm aufblicken muß. Ungünstig ist die ungleiche Position in Konfliktsituationen, wenn einer seine Macht – sitzend oder stehend – ausspielt. Die vier Szenen zeigen, wie Sie aus der Rolle des »Unterlegenen« herausfinden und die Positionen angleichen können.

Sie können mit Hilfe der Körpersprache Konflikte auflösen und ein Gleichgewicht zwischen Ihnen und Ihrem Gegenüber herstellen. Denken Sie immer daran, wenn Sie Ihre Haltung verändern, verändert sich auch Ihre Ausstrahlung, und der andere kann Ihren veränderten Ausdruck positiv zurückspiegeln.

Vom autoritären Disput ...

❶ Er tritt unzufrieden an ihren Tisch, um sie auf einen Fehler aufmerksam zu machen, und bleibt deutlich in einer übergeordneten Position. Sie wird dadurch eingeschüchtert und nimmt Hände und Beine zurück. In dieser Haltung kann sie ihren Standpunkt nicht selbstbewußt vertreten.

❷ Wichtig ist in dieser Situation, daß sie die ungleiche Ausgangssituation verändert. Sie steht auf und begibt sich so auf die gleiche Ebene mit ihm. Den Streitgegenstand, die Unterlagen, nimmt sie an sich. Jetzt kann sie aktiv auf den Vorwurf reagieren. Ein sachliches Gespräch wird möglich.

... zur offenen Diskussion

❸ Zuviel Nähe verstärkt die angespannte Atmosphäre. Sie tritt selbstbewußt zurück. So können sich beide offen ansehen, jeder hat genug Raum für seine Argumente. Aus einer solchen Haltung heraus kann sie Mißverständnisse überzeugend klarstellen, aber auch Fehler zugeben, ohne das Gesicht zu verlieren. Ihre Haltung hilft ihr, unverkrampft zu bleiben und nicht unnötig aggressiv zu werden.

❹ Um den Fehler zu beheben oder die Standpunkte anzugleichen, entwickeln beide ein intensiveres Gespräch auf gleicher Ebene. Sie haben sich gesetzt und können nun aufmerksamer und entspannter die kritischen Punkte diskutieren. Das drückt sich auch in der zugewandten Körperhaltung aus.

!

Aus einem gelungenen Kontakt ziehen beide Seiten Gewinn. Versuchen Sie, gerade wenn Sie spüren, daß der Kontakt schwierig herzustellen oder gestört ist, auf die Körpersignale des anderen zu achten. Oft wird es für den anderen leichter, wenn Sie sich etwas mehr öffnen oder sich – falls er sich eher bedrängt fühlt – wieder zurücknehmen.

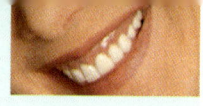

Offen diskutieren

Wenn kein Stuhl vorhanden ist oder kein Anlaß besteht, sich zu setzen, dann stellen Sie sich Ihrem sitzenden Gesprächspartner gegenüber, so daß Sie ihn direkt anblicken. Stellen Sie Kontakt zu ihm her, indem Sie sich leicht nach vorne beugen und die Hände auf dem Tisch abstützen. Diese Haltung ermöglicht ein offenes und angeregtes Gespräch.

Sie wird nicht immer angebracht sein — zum Beispiel nicht bei kurzen Unterredungen mit Ihrem Chef oder bei Personen, die Sie nicht kennen oder zu denen Sie ein sehr distanziertes Verhältnis haben. Bleiben Sie in solch kritischeren Situationen gerade stehen, versuchen Sie guten Bodenkontakt herzustellen, die Hände locker zu lassen und Ihr Gegenüber ruhig und direkt anzublicken. Eine offene Haltung mildert Spannungen und überbrückt auch ungleiche Positionen.

Charme ist die Kunst, Nähe herzustellen, ohne aufdringlich zu sein. Wenn es Ihnen gelingt, in Gestik, Mimik und Wort Nähe zu schaffen, wirken Sie anziehend, und viele Türen öffnen sich von selbst.

Tips für den Telefonkontakt

Eine lebendige Körpersprache verhilft zu besseren Telefonaten.

Körpersprache wirkt auch über die Entfernung, denn sie beeinflußt Ihr Denken und Fühlen und damit die Art, wie Sie sich ausdrücken. Wenn Sie beim Telefonieren auch Hände und Arme bewegen, wird Ihre Sprache plastischer. Wer sich bewegt, der stellt einen besseren, lebendigeren Kontakt her.

Der Psychologe David Lewis hat einige Anregungen zusammengestellt, wie Sie die Kommunikation körpersprachlich erleichtern können, obwohl Sie Ihren Partner nicht sehen, wie beim Telefonieren:

● Telefonieren Sie als Rechtshänder mit der linken Hand. Das aktiviert die rechte Gehirnhälfte und damit die gefühlsbetonten Gehirnregionen. Dadurch klingt Ihre Stimme sympathischer.

● Lächeln Sie — auch am Telefon! Durch chemische Reaktionen im Gehirn klingt die Stimme freundlicher.

● Atmen Sie aus, bevor Sie den Hörer abnehmen! Entspannen Sie sich einen Moment. Ihre Stimme wirkt dann sicherer.

● Telefonieren Sie im Stehen! Die Stimme wirkt selbstbewußter. Menschen, die sitzen, sprechen leiser und wirken gehemmter — außer sie haben die Füße lässig auf dem Tisch!

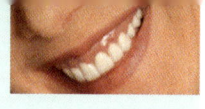

Erste oder zweite Geige: Können Sie führen?

Kennen Sie Ihre eigenen Führungsqualitäten? Können Sie einschätzen, wie gut Ihr Chef führt? Wer führt in Ihrer Partnerschaft? Führungsqualität ist eine dynamische Qualität, die am besten in der Bewegung zu beobachten ist. Wer führt, können Sie schon bei sprechenden Babys im Sandkasten beobachten, bei Kindern in der Schule, später im Studium, in der Partnerschaft, im Beruf.

Führungsqualität zeigt sich in einer vitalen, flexiblen Körpersprache. Jemand, der gut führt, muß andere nicht übergehen, mit großen Gesten über sie hinwegfegen oder eine bedrohliche Haltung einnehmen, um etwas zu bewegen. Im Gegenteil, er kann auch auf andere Dynamiktypen eingehen, kennt ihre besonderen Qualitäten, kann sich körpersprachlich intuitiv auf sie einstellen, kann sie begeistern und motivieren.

Wer führt bei Ihnen?

Beobachten Sie Paare oder Gruppen auf der Straße, im Einkaufszentrum, im Café. Beschreiben Sie für sich einmal genau die Körpersprache der Führungspersonen. Achten Sie dann beim nächsten Spaziergang mit Ihrem Partner, Kollegen, Ihrem Kind oder anderen darauf, wer körpersprachlich führt. Wer geht voran? Wer bestimmt durch kleine Gesten die Richtung, auch wenn er hinter dem anderen geht? Auch wenn Sie bewußt mit dem Kopf dagegensteuern – der Körper läßt sich nicht austricksen. Nach kurzer Zeit gibt der Führende ganz automatisch wieder den Rhythmus vor.

Führungszeichen erkennnen

Überall, wo Menschen zusammentreffen, führt einer, und der andere paßt sich an. Achten Sie auf folgende Signale:
● Geben Sie jemandem die Hand: Welche Hand liegt oben?
● Gehen Sie händehaltend mit jemandem spazieren: Welcher Daumen liegt oben?
● Gehen Sie mit Ihrem Chef ein Stück des Weges: Wer macht den ersten Schritt? Wer geht mit einem Schritt voran, wenn Sie nebeneinandergehen, oder weist mit der Hand den Weg, auch wenn er den anderen vorausgehen läßt?
● Wer kann gut auf andere eingehen, sich im Gespräch ganz zuwenden, und bleibt doch ganz er selbst?

Geben Sie anderen mehr Raum, besonders wenn Sie sich in einer Führungsrolle befinden. Sie werden sehen, wie oft zunächst schüchterne Menschen ihre Fähigkeiten entfalten, wenn Sie Ihre Körpersprache etwas zurücknehmen.

Die Begrüßung zeigt, wer führt. Der Ältere hat beim Händedruck die Hand oben und gibt mit der anderen die Richtung vor.

Entdecken Sie Ihre Führungsqualitäten

Auf den Seiten 68 bis 70 haben Sie erfahren, welcher Wahrnehmungstyp Sie sind. Dann wissen Sie, daß Sie auf »Ihrem« Senderkanal auch am besten führen können. Testen Sie zusammen mit einem Partner, wie gut Sie auf den Kanälen Sehen, Hören, Fühlen nur mit Ihrer Körpersprache führen – ohne auch nur ein einziges Wort zu sagen. Sie können die folgenden Übungen auch mit mehreren Personen als eine Art Gesellschaftsspiel durchführen:

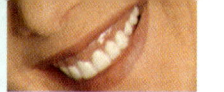

❶ Führen Sie einen Partner oder eine Gruppe nur mit Ihren Gesten durch den Raum, ohne dabei zu reden. Sprechen Sie hinterher darüber, wie Sie und Ihre Signale angekommen sind, zum Beispiel zu undeutlich, zu autoritär, wenig einfühlsam oder ähnliches.

❷ Führen Sie Ihren Partner, der jetzt die Augen schließt, nur mit Ihrer Stimme, mit Summen, lauten und leisen Tönen, hellen und tiefen Lauten, aber immer ohne Worte durch das Zimmer, und sprechen Sie anschließend wieder darüber, ob Ihre Anweisungen deutlich waren, ob Sie ihm genügend Sicherheit vermitteln konnten.

❸ Zuletzt führen Sie den Partner, der wieder die Augen geschlossen hat, mit Berührungen durch das Zimmer, oder – erschwert – durch ein Labyrinth aus Stühlen und Tischen. Haben Sie sensibel und ideenreich geführt, und konnte der andere Ihnen blind vertrauen?

Die besten Ergebnisse werden im Team erzielt. Ein kluger Chef besetzt sein Team mit unterschiedlichen Wahrnehmungs- und Dynamiktypen, die sich gegenseitig ergänzen und anregen können.

Führen heißt, den anderen kennen

Versuchen Sie nach diesem Test, insbesondere die Wahrnehmungskanäle, auf denen Sie weniger gut »senden«, zu stärken. Denn Führen bedeutet nicht nur, in einer Richtung stark zu sein. Eine offene, ausdrucksstarke und lebendige Körpersprache hilft Ihnen, flexibel zu bleiben. Wer andere überzeugen und mitreißen kann, der kann sich auf unterschiedliche Situationen und Menschen einstellen. Er geht mit jedem einzelnen so um, wie dieser es braucht, um seine Fähigkeiten zu entwickeln. Wer führt, muß die anderen kennen, ihre Körpersignale richtig deuten und fähig sein, darauf einzugehen. Er beherrscht die unterschiedlichen körpersprachlichen Möglichkeiten. Wenn Sie gut führen, »erdrücken« Sie beispielsweise einen »Tupfer« (Seite 62) nicht mit Ihren kräftigen Bewegungen. Sie können sich auf die Gestik des anderen einstellen, ihr Raum und Zeit geben, denn Sie schätzen die Genauigkeit des »Tupfers« und wissen, wo Sie diese gut einsetzen.

Erfolg durch Körpersprache

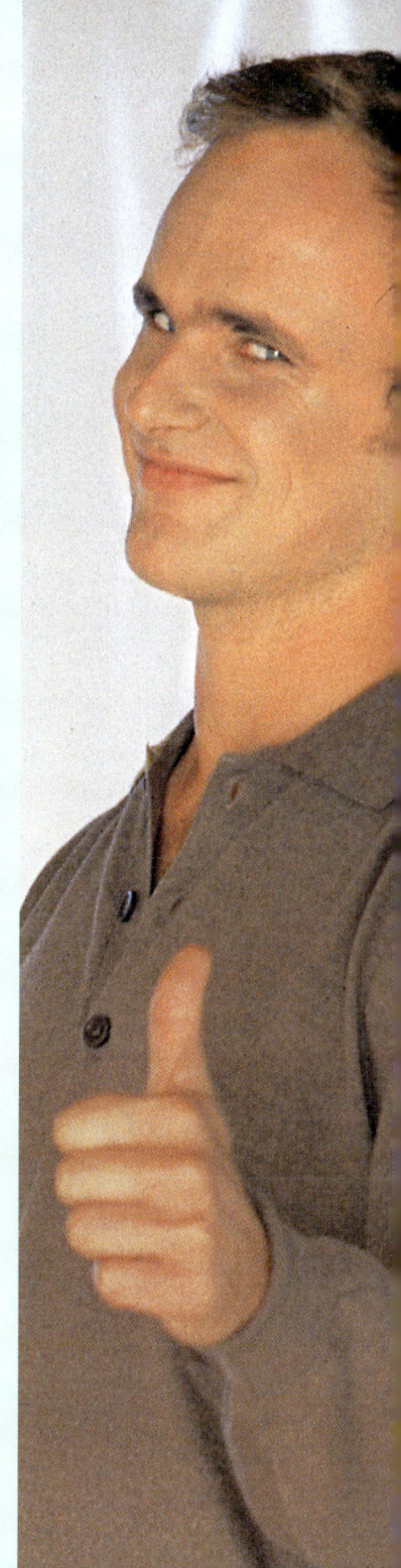

Bewegen Sie sich mit einer offenen, selbstbe-wußten Körpersprache erfolgreich auf Ihre Ziele zu. Weder Streß noch Unsicherheiten hemmen Ihren Körper-ausdruck. Denn NLP und gezielte Übungen bauen den Streß ab und Ihre Selbst-sicherheit auf.

Energieblockaden lösen

Sie haben bisher in diesem Buch erfahren, wie Sie über die Körpersprache einen besseren Zugang zu sich selbst und anderen finden können. Jetzt kommt es darauf an, dieses Wissen auch zu verinnerlichen und im Alltag erfolgreich einzusetzen. Dazu ist es zunächst wichtig, körpersprachliche Blockaden wie Streß oder Unsicherheiten aufzulösen, damit Ihre Energien wieder frei fließen können und Sie ein besseres Körpergefühl entwickeln.

Streß blockiert Körper, Geist und Seele

»Gegenüber der Fähigkeit, die Arbeit eines Tages sinnvoll zu ordnen, ist alles andere im Leben ein Kinderspiel.«
Johann Wolfgang von Goethe, 1749–1832

Fühlen Sie sich von Tag zu Tag erschöpfter und unzufriedener? Finden Sie kaum mehr Zeit für sich und die Dinge, die Sie wirklich gerne tun? Haben Sie weder Ruhe noch Mut, darüber nachzudenken, was Sie eigentlich von Ihrem Leben erhoffen und wie Sie Ihren kräftezehrenden Alltag verändern könnten? Dann werden Ihr Erfolg und Ihre Gesundheit durch Streß blockiert. Ihr Körper und Ihr Geist versuchen, irgendwie dieser Überlastung auszuweichen: Sie haben häufig Kopfschmerzen; »kleine Unfälle« und Pannen nehmen zu. Vielleicht rauchen oder trinken Sie zuviel oder suchen in Frustkäufen Ausgleich. Dadurch blockieren Sie Ihre positiven Energien nur noch mehr.

Streß schaltet das Denken aus

Bei Streß reagiert der Körper noch wie zu Zeiten des Steinzeitmenschen: Ein Angriff, ganz gleich ob vom Raubtier oder vom Chef, signalisiert dem Zwischenhirn »Alarm«, und daraufhin wird das Denken blockiert, denn es kostet Zeit – und das war mitunter lebensgefährlich. Streßhormone werden ausgeschüttet, Puls, Blutdruck und Atem beschleunigt, die Muskeln in Hochspannung versetzt, Verdauung, Sexualfunktion und Immunsystem zurückgeschaltet. Der Körper ist kampfbereit. Nur kommt heute kein wilder Bär mehr auf uns zu, sondern es sind viele kleine »Mücken«, die Vielzahl der täglichen Aufgaben und Anforderungen. Angst und Zeitdruck steigern sich.

Achten Sie auf die Streß-Signale Ihres Körpers, und tun Sie
rechtzeitig etwas gegen andauernde Überlastung.

Die Streßauslöser benennen

Wenn durch diese Blockaden Ihre Energien nicht mehr frei
fließen können, zeigt sich das deutlich in Ihrer Körpersprache. Da Sie über Ihre Körpersprache Ihre Persönlichkeit ausdrücken (ab Seite 50), wird man es an Ihrer Haltung, Ihrer
Mimik und Ihren Gesten auch sehen, wenn Sie unzufrieden
sind. Ihr Ausdruck wirkt gehemmt und verschlossen oder
fahrig und nervös. Die eigene Unzufriedenheit blockiert Ihre
Energien – andere merken das und reagieren entsprechend
darauf. Aber gerade Ihre Körpersprache hilft Ihnen, dem alltäglichen Streß gelassener zu begegnen. Sie verändert mit
etwas Übung auch Ihre Einstellung dazu. Der erste Schritt,
die Blockaden zu lösen, besteht darin, den Streß zu erkennen und ihm auch körpersprachlich nachzuspüren:
● Sagen Sie laut zu sich, was Sie alles bedrückt!
● Begeben Sie sich in eine Haltung, die genau zu Ihren
Worten paßt. Wenn Sie ohnehin schon mit eingesunkenen
Schultern, vorgeneigtem Kopf, verkrampften Bauchmuskeln
und unsicher wippenden Fußspitzen stehen, dann verstärken Sie diese Haltung noch ganz bewußt. Sagen und spüren
Sie Ihr Problem jetzt ganz deutlich.

**Wenn Sie sich von Energie-
blockaden befreien wollen,
ist es wichtig, daß Sie Ihren
Streßauslösern auf die Spur
kommen: Sind Sie körperlich
oder geistig unter- oder
überfordert, zum Beispiel
durch zuviel Sitzen, zuwenig
Schlaf, falsche Ernährung,
eintönige Arbeit oder zuviel
Arbeit zur gleichen Zeit? Oder
sind Sie seelisch oder sozial
belastet, weil Sie sich einsam
fühlen oder auch weil Sie
zum Beispiel in einem Groß-
raumbüro arbeiten müssen?**

● Nehmen Sie jetzt eine völlig entgegengesetzte Haltung ein. Stellen Sie sich zum Beispiel aufrecht und breitbeinig hin, breiten Sie die Arme aus, ziehen Sie Mundwinkel und Augenbrauen hoch, und sprechen Sie wieder laut und deutlich Ihr Problem aus.

Stopp dem Streß

Ihre Körpersprache macht sich bei Streß deutlich bemerkbar: Ihr Atem geht zu kurz, Ihre Stimme wird zu schnell, Ihre Hände zittern, oder Sie fangen an zu schwitzen. Immer wenn Ihre Körpersprache Ihnen deutlich zu verstehen gibt: »Jetzt wird es zuviel!«, dann sagen Sie: STOPP! Atmen Sie erst aus, bevor Sie antworten: zum Beispiel wenn das Telefon klingelt, jemand ruft oder anklopft. Auch eine kleine Karte kann Ihnen helfen, wenn sich Ihre Streßauslöser melden: Überlegen Sie sich, mit welchem Wort oder Bild Sie angenehme Gedanken verbinden. Schreiben Sie dieses Bild auf, zum Beispiel Blumen oder den Text zu einer Melodie. Ziehen Sie die Karte jedesmal hervor, wenn Sie unter Streß geraten. Denken Sie kurz ganz intensiv an das erfreuliche Gefühl oder Erlebnis, das Sie mit dieser Karte verknüpfen. Atmen Sie wieder durch, und begegnen Sie jetzt der Aufgabe, die sich Ihnen stellt.

Ihre Streß-Stopp-Karte könnte so aussehen:
Stopp! Ich denke jetzt ganz intensiv an

_____

und schiebe den Streß beiseite!

Energien wieder fließen lassen

Um die Energieblockaden zu lösen und die eigenen Energien wieder in Bewegung zu bringen, hilft es, in andere Dynamikmuster (ab Seite 60) zu wechseln.
● »Flattern« Sie zwischendurch: Lockern, schütteln Sie sich.
● »Gleiten« Sie: Streifen Sie über Hände und Arme, und versuchen Sie, sich auch innerlich für einen Moment ganz auf jemanden einzulassen, andere Ideen anzuhören.
● »Schweben« Sie mit ausladenden Bewegungen, und öffnen und beruhigen Sie sich dadurch.
Bei sehr großem Streß oder andauernden Energieblockaden hilft es, wenn Sie vor allem die Bewegungen der Ihnen entgegengesetzten Dynamiktypen einüben. Wenn Sie also eher ein »Tupfer« sind, versuchen Sie ganz bewußt mehrmals täglich zu »stoßen«. Legen Sie besonders viel Kraft und Energie in die Bewegung, und spüren Sie, wie die Kraft, mit der Sie

die Arme in alle Richtungen stoßen, bis in Ihre Körpermitte reicht. Umgekehrt können Sie sich als immer krampfhaft energiegeladener Typ entspannen und neue Seiten in sich zum Schwingen bringen, wenn Sie nicht immer nur »stoßen«, sondern zart »schweben«. Sie werden die wohltuende Wirkung schon bald an Ihrem verfeinerten und flexibleren körpersprachlichen Ausdruck spüren.

Atemübungen gegen Energieblockaden

Aus dem Atem schöpfen Sie unmittelbar Energie. Sie können schnell und wirksam entspannen, fast unmerklich auch zwischendurch. Machen Sie die Atemübungen am besten mehrmals täglich. Morgens sind sie ein guter Start in den Tag, zwischendurch helfen sie Ihnen, wieder fit zu werden und Streßsituationen gelassener zu begegnen.

Bei Verspannungen
❶ Legen, setzen und stellen Sie sich gerade und entspannt hin. Atmen Sie tief ein, und atmen Sie dabei bewußt an die Körperstelle hin, an der Sie besonders verspannt sind. Sie konzentrieren sich, während Sie ausatmen, zum Beispiel auf Ihre Schulter oder den verkrampften Unterbauch und legen Ihre Hand auf diese Stelle.
❷ Machen Sie eine Faust, und öffnen Sie die Faust Finger für Finger mit jedem Ausatmen. So entspannen Sie und erhalten wieder einen guten Kontakt zu sich selbst.

Für die innere und äußere Balance
Im Alltag, wenn Sie mit jemandem zusammenstehen und sich unterhalten, aber auch bei vielen der hier beschriebenen Übungen werden Sie vielleicht feststellen, daß Sie häufig leicht eingeknickt oder schief stehen. Ihr Körper zeigt an, daß es für Sie wichtig ist, Ihre innere Balance zu finden:
❶ Stellen Sie sich hin und verlagern Sie, während Sie langsam und tief einatmen, das Gewicht auf das rechte Bein. Heben Sie das linke Bein dabei leicht an. Auf diese Weise können Sie die linke Gehirnhälfte aktivieren.
❷ Mit dem Ausatmen gehen Sie mit dem Gewicht auf das linke Bein (das rechte leicht anheben); das aktiviert die rechte Gehirnhälfte.

»Im Atemholen sind zweierlei Gnaden: die Luft einziehen, sich ihrer entladen. Jenes bedrängt, dieses erfrischt; so wunderlich ist das Leben gemischt. Du danke Gott, wenn er Dich preßt, und danke ihm, wenn er Dich wieder entläßt.«
Johann Wolfgang von Goethe, 1749-1832

Für eine wohltönende, klare Stimme

Ob Ihre Stimme wohltönend aus Ihrer Körpermitte oder mit kurzem Atem gepreßt und leise nur aus dem Brustkorb kommt — mit Ihrer Stimme sagen Sie oft mehr als mit Ihren Worten. Sie zeigen nicht nur durch eine zugewandte Haltung, daß Sie offen und selbstbewußt sind, sondern auch mit einer klaren, festen Stimme. Üben Sie Ihre Stimme: Atmen Sie ein und ziehen Sie die Schulter nach oben. Atmen Sie in zwei Stufen laut aus. Senken Sie die Schultern dabei. Bei der ersten Stufe rufen Sie: »Ach!«, bei der zweiten: »Ja!«. Erleben Sie die Atempause ganz bewußt. Das anschließende Einatmen folgt von selbst. Je tiefer Sie ausatmen, desto besser können Sie entspannen, Ihre Stimme wird voller.

Atemübungen lösen Blockaden, und die Energie kann wieder frei fließen. Ihre Stimme klingt voller und überzeugender, Ihre Körpersprache wird offener und unverkrampfter.

Die natürliche Bauchatmung

Wichtig für eine selbstbewußte Körpersprache ist die Atmung. Wer immer flach und nur mit dem Brustkorb atmet, wirkt gehemmt und unsicher. So wenig Raum wie Sie Ihrer Atmung lassen, so wenig Raum geben Sie auch Ihrer Persönlichkeit. Die tiefe Bauchatmung harmonisiert Körper und Geist. Kinder atmen noch ganz spontan tief in den Bauch ein. Durch bedrückende Erfahrungen im Laufe ihrer Entwicklung, zu enge Kleidung und Befehle wie »Zieh den Bauch ein!« verlernen sie die natürliche Atmung regelrecht. Gewöhnen Sie sich wieder an, tief in den Bauch hineinzuatmen. Ziehen Sie beim Einatmen die Luft durch die Nase bis in den Bauch, so daß dieser sich ganz von selbst nach außen dehnt. Beim Ausatmen die Luft durch die Nase abgeben, so daß sich der Bauch automatisch senkt.

Drei goldene Regeln im Umgang mit Streß

Wenn Ihnen wieder alles über den Kopf wächst, kann es helfen, wenn Sie sich innerlich auf den Streß einstellen.
- Seien Sie achtsam! Hören Sie auf sich und Ihren Körper.
- Gehen Sie freundlich mit Ihrem Streß um.
- Tun Sie etwas! Planen Sie anders und besser.

Stärken Sie Ihr Körpergefühl

Über Ihren Körper können Sie ein besseres Bewußtsein für Ihre gesamte Persönlichkeit entwickeln. Sie lernen Ihre Stärken und Schwächen kennen. Wenn Sie Ihren Körper als ausdrucksstarken Teil Ihrer Person annehmen, beginnen Sie, sich selbst anzunehmen. Ob Sie glücklich und zufrieden in Ihrem Leben sein können, hängt unter anderem davon ab, wie Sie mit sich selbst umgehen. Und dazu ist es wichtig, daß Sie ein positives Gefühl auch für Ihren Körper aufbauen.

Einen Zugang zu Körper und Seele finden

Ein positives Selbstbild verleiht Ihnen Ausstrahlung und Anziehungskraft. Das bedeutet auch, daß Sie sich nicht von vermeintlichen Schwächen und Fehlern niederdrücken und blockieren lassen, sondern einen Zugang zu Ihren Stärken finden. Ein wichtiger Schritt auf dem Weg dorthin bedeutet, Ihr Körpergefühl zu verbessern. Und das gelingt am leichtesten, wenn Sie sich regelmäßig körperlich betätigen. Das kann auf sehr unterschiedliche Weise erfolgen. Hochleistungssport ist vielleicht nicht unbedingt geeignet, denn hier zwingen Sie Ihren Körper in künstlich aufgebaute Leistungsnormen – und ordnen Ihre seelische und geistige Entwicklung fremden Rekordzielen unter. Suchen Sie sich deshalb Formen der Bewegung, die Ihrem Körper genauso guttun wie Ihrer Seele und Ihnen helfen, über die körperliche Erfahrung Ihre ganze Persönlichkeit zu entfalten.

Finden Sie Ihr persönliches Bewegungsprogramm

In der nachfolgenden Tabelle finden Sie einige Beispiele für Methoden und Körperschulen, die Ihnen helfen, Ihr Körpergefühl zu verbessern. Versuchen Sie, ein bestimmtes Bewegungsprogramm täglich oder zumindest regelmäßig einmal wöchentlich durchzuführen. Kämpfen Sie jedoch nie gegen sich selbst. Akzeptieren Sie Ihre persönliche Konstitution (dazu gehören vielleicht ein paar Pfunde mehr), gelegentliche Erschöpfung und Müdigkeit. Gehen Sie bei jeder Bewe-

Lassen Sie zwischendurch immer wieder einmal körperlich Dampf ab – denn aufgestaute Aggressionen erschweren ein positives Körpergefühl: Neben dem Sport sind für viele auch Gartenarbeiten ein hervorragendes Mittel zum Abreagieren.

gungsart nie über die Schmerzgrenze hinaus. Sie erweitert sich im Laufe der Zeit von selbst. Und ganz wichtig: Was Ihnen am meisten Spaß macht, das hat die größten Erfolgschancen. Denn Ihr oberstes Ziel sollte immer der Genuß und die Freude am Leben sein und kein starres Leistungsdenken!

Mit Körpertraining die Persönlichkeit stärken

Es gibt eine wachsende Zahl an Bewegungsmethoden und -lehren, die Ihnen, jede auf ihre Art einen besseren Zugang zu Ihrem Körper und zu Ihren seelischen und geistigen Fähigkeiten ermöglichen. Viele kommen aus dem Fernen Osten, aus alten Kulturen, die sich der Ganzheitlichkeit von Körper, Geist und Seele schon immer bewußt waren.

Aerobic: Gut für gezieltes Muskeltraining, baut Streß ab, fördert die körperliche Kondition.

Volkshochschulen und Erwachsenenbildungsstätten bieten inzwischen ein reichhaltiges Trainingsprogramm an. Informieren Sie sich, und probieren Sie die ein oder andere Methode aus.

Tanz (Klassischer Tanz, Jazz-Dance, Modern Dance, Afro-Dance, Bauchtanz, freier Tanz, Steptanz, Volkstanz, höfische Tänze): Tanzen fördert ganz allgemein das Körpergefühl, die körperliche Ausdrucksfähigkeit und stärkt das Selbstbewußtsein und die Lebensfreude. Sie trainieren, Ihre Bewegungen besser zu koordinieren und aktivieren dabei gleichzeitig beide Gehirnhälften.

Bioenergetik: Methode der Körperenergie, die innere Verspannungen löst, Lebenskraft und Spontaneität steigert.

Yoga: Hatha-Yoga verbindet Atem, Körperübung und Konzentration; baut Streß ab, hält körperlich und geistig beweglich.

Tai Chi: Die bewährte chinesische Bewegungslehre bringt Entspannung, Gelassenheit, fördert die körperlich-seelische Harmonie.

Qigong: Stärkt die Lebenskraft, steigert das Wohlbefinden und die Einheit von Körper, Geist und Seele.

Aktiv-Pausen für zwischendurch

Innere und äußere Verspannungen zeigen sich auch in
Ihrem Körperausdruck. Viele Menschen sind so eingespannt
in ihre täglichen Pflichten, daß sie ihren Körper schon gar
nicht mehr spüren. Entsprechend lieblos gehen sie mit sich
und ihrem Körper um. Soll Ihre Körpersprache wieder
unverkrampft und natürlich wirken, dann gönnen Sie Ihrem
Körper, Ihrem Geist und Ihrer Seele immer wieder kurze
Pausen, in denen Sie bewußt Blockaden lösen und neue
Energie tanken.

Lymphmassage gegen Migräne

Legen Sie die Fingerspitzen jeweils rechts und links an den
Unterkiefer. Führen Sie sie nun mit sanftem Druck vom
Unterkiefer am äußeren Gesichtsrand entlang vor den
Ohren nach oben bis zur Stirnmitte. Von da aus streichen
Sie mit allen Fingerspitzen nach unten zur Nasenwurzel
und wieder zurück zu den Ohren.
Massieren Sie kurz die Ohrläppchen, und führen Sie dann
Ihre Fingerspitzen hinter den Ohren vorbei am Haaransatz
entlang bis zum Nacken. Von dort lassen Sie die Handflächen mit verstärktem Druck nach vorne zum Brustkorb
gleiten – so als würden Sie nach dem Duschen Wasser
abstreifen.
Wiederholen Sie diesen Kreislauf etwa dreimal. Dort, wo Sie
Verspannungen fühlen, wärmen Sie die Stelle, indem Sie sie
mit sanft kreisenden Bewegungen der Fingerspitzen massieren. Mit dieser Übung erreichen Sie über die Lymphwege
viele Nervenpunkte und Reflexzonen, die, wenn Sie angeregt werden, wiederum bestimmte innere Organe beeinflussen. Durch die Bewegungen der Arme und Schultergelenke
lösen sich zugleich Verspannungen im Schultergürtel.

Sanftes Stretching für Hals und Schultern

Wenn Sie täglich viele Stunden am Schreibtisch sitzen,
haben Sie besonders häufig unter schmerzhaft verspannter
Hals- und Schultermuskulatur zu leiden. Die ganze Last der
Verantwortung drückt auf Ihre Schultern – und das sieht
man dann auch. Hochgezogene Schultern und eingezogener
Hals machen es Ihnen schwer, offen und unbefangen auf

**Besonders entspannend und
anregend wirken kleine
Massagen und Körperübun-
gen, die Sie gezielt in Ihren
Tagesablauf einbauen –
immer wenn Sie wieder die
altbekannten, unsicheren
und verkrampften Haltungen
einnehmen.**

Menschen und Probleme zuzugehen. Spüren Sie Ihren Verspannungen nach, und machen Sie zwischendurch immer wieder kleine Dehnübungen:

❶ Hängen Sie Ihren linken Arm über den Kopf, der Unterarm liegt auf dem Kopf auf. Fassen Sie mit der rechten Hand das linke Handgelenk, und ziehen Sie es nun langsam nach rechts. Halten Sie diese Position, und atmen Sie dabei dreimal tief durch. Lösen Sie sanft den Griff, und wiederholen Sie diese Übung mit dem rechten Arm, den Sie nun über dem Kopf nach links dehnen.

❷ Stellen Sie sich anschließend vor, Sie hätten an Ihrem Kinn einen Stift befestigt: »Malen« Sie nun mit dem Kinn einen Halbkreis von der linken zur rechten Schulter und wieder zurück.

❸ Ziehen Sie dann beide Schultern hoch bis zu den Ohren, wackeln Sie ein wenig mit dem Oberkörper, und lassen Sie dann die Schultern mit einem lauten »Ha« fallen. Diese Übung löst Verspannungen und ist besonders geeignet für Leute, die viel sitzen und am Computer arbeiten.

Rudern für den Rücken

Mit einer aufrechten Haltung gewinnen Sie mehr äußere Ausstrahlung und mehr innere Sicherheit. Deshalb ist es wichtig, die gesamte Rückenmuskulatur zu stärken, damit es Ihnen leichter fällt, anderen selbstbewußt und unverkrampft gegenüberzutreten:

❶ Setzen Sie sich aufrecht auf einen Stuhl, die Füße stehen fest auf dem Boden. Stellen Sie sich vor, Sie säßen in einem Ruderboot und müßten wie in Zeitlupe gegen den Wind rudern. »Rudern« Sie mit weitausholenden Arm- und Rückenbewegungen und tiefen Atemzügen Ihre Phantasiestrecke – ohne sich zu überanstrengen!

❷ Halten Sie mit beiden Händen die rechte Armlehne des Stuhls fest, und atmen Sie tief ein. Drehen Sie mit dem Ausatmen langsam den Oberkörper nach rechts, dann zur Mitte. Führen Sie nun die Hände ohne den Oberkörper zur linken Armlehne und drehen dann den Oberkörper langsam nach links und wieder zur Mitte. Bewegen Sie den Körper immer beim Ausatmen. In der Mitte folgt die Atempause, danach atmen Sie wieder ein.

Mit diesen kurzen Übungen lösen Sie nicht nur verspannte Muskeln, Sie stärken auch Ihr Körpergefühl und lockern seelische und geistige Barrieren. Wenn Sie körperliche Verspannungen besser spüren, werden Sie körper- und damit auch selbstbewußter.

Entspannte, glatte Gesichtszüge durch phantasievolle Grimassen:
So können Sie zwischendurch Sorgenfalten glätten.

Lachen ist die beste Medizin: Es senkt den Blutdruck, durchblutet das Gehirn, verlangsamt den Herzschlag. Lachen »massiert« Magen, Leber, Bauchspeicheldrüse, Darm und Blase. Lachen regt die Drüsen an und versorgt die Lunge mit Sauerstoff. Lachen befreit Gefühle und Gedanken. Fröhliche Leute schlafen besser. Kinder lachen übrigens etwa 400mal am Tag, Erwachsene nur 15mal.

Grimassen für äußere und innere Schönheit

Wenn die Muskeln nicht trainiert werden, machen sie schlapp – das gilt auch für die Gesichtsmuskulatur. Und Ihre Gesichtsmuskeln sind entscheidend für ein gewinnendes Lächeln und einen klaren, interessierten, zugewandten Ausdruck! Schneiden Sie Grimassen, das ist eine gute Gymnastik gegen Falten und gibt Ihrem Gesicht danach eine lebhafte, offene Mimik. Lassen Sie Ihre Phantasie spielen: Rollen Sie mit den Augen und mit der Zunge. Ziehen Sie die

Augenbrauen zusammen, rümpfen Sie die Nase. Reißen Sie Mund und Augen weit auf. Oder blasen Sie die Backen auf. Danach reiben Sie Ihre Handflächen ganz schnell aneinander, bis sie heiß werden, und legen sie (wie ein heißes Handtuch) auf das Gesicht. Atmen Sie in die Hände hinein, und streifen Sie Ihre Hände langsam in Richtung Brust ab. Lächeln Sie jetzt still in sich hinein, bis Sie eine innere Freundlichkeit in sich spüren. Drei Minuten genügen für diese Übung, die gut gegen Kopfverspannungen hilft.

Dehnung für flexible Arme und Hände

Die Gestik ist ein wichtiges Ausdrucksmittel der Körpersprache. Lebendige Bewegungen und eine offene Arm- und Handhaltung machen Sie für andere nicht nur anziehend und vertrauenswürdig, sie verhelfen Ihnen selbst auch zu mehr Selbstvertrauen und innerer Lebendigkeit. Andererseits irritieren fahrige, nervöse oder zu ausladende, unsensible Gesten. Sie können Ihre Arme und Hände flexibel und beweglich halten, Verkrampfungen lösen und gleichzeitig mehr Sensibilität für Ihre Gestik entwickeln:
Falten Sie die Finger ineinander, die Handflächen zeigen vom Körper weg. Jetzt beugen und strecken Sie die Arme langsam in verschiedene Richtungen: nach oben, nach unten, nach rechts oder links – ganz wie es Ihnen Ihr Körper vorgibt. Atmen Sie mit jeder Bewegung aus. Diese Übung dehnt die Muskeln der Finger, Hände, Arme und Schultern und läßt sie wieder flexibel werden.

Lockere Füße heben Ihre Laune

Stehen und gehen Sie sicher mit beiden Füßen durchs Leben. Entwickeln Sie ein Gefühl für Ihren Gang und Ihre Standfestigkeit. Diese Sicherheit wird man Ihnen ansehen. Machen Sie einen flotten Steptanz, ganz nach Ihrer eigenen Phantasie. Lassen Sie Ihre Füße locker mit Fersen, Sohlen, Ballen und Zehen gleichzeitig und nacheinander verschiedene Rhythmen tanzen. Ihr ganzer Körper schwingt dabei leicht mit! Gut durchblutete Füße sorgen für einen guten Kreislauf, einen sicheren Bodenkontakt und für gute Laune – und die wirkt wieder positiv auf andere!

Eine entspannte Haltung durch entspannte Füße bekommen Sie auch, wenn Sie Ihre Füße regelmäßig mit eingeölten Händen massieren. Erspüren Sie dabei die Druckpunkte an den Fußsohlen, massieren Sie beide Seiten des Knöchels und die Mulden zur Archillessehne mit kreisenden Fingerspitzen. Zum Schluß den Fuß sanft streicheln und die Hände wie eine Hülle von der Ferse nach vorne am Fuß entlangziehen.

Mit der Fünf-Satz-Formel fit durch den Tag

Die Fünf-Satz- oder Rebel-Formel wurde als ganzheitliches Programm entwickelt, mit dem Sie Ihren Alltag besser bewältigen können. Sie können die Formel wie eine Gymnastikübung durchführen oder wie ein Autogenes Training handhaben. Sie hilft Ihnen, Ihrem Körper mehr Ausstrahlung zu geben. Führen Sie die Fünf-Satz-Formel am besten schon morgens durch. Sie wecken damit in Ihrem Körper die Bereitschaft, Ihre Gefühle durch die Körpersprache lebendiger auszudrücken.

Sie können nach einiger Übung mit der Fünf-Satz-Formel auch untertags immer wieder, ohne daß andere etwas bemerken, positive Energie tanken: Gehen Sie in Gedanken die Fünf-Satz-Formel durch. Ihre Muskeln und Gefühle machen dann die entsprechenden Bewegungen (unsichtbar für andere) mit.

Die Fünf-Satz-Formel richtig anwenden

Die Formel besteht aus fünf Sätzen und fünf Bewegungsfolgen. Damit Sie sich diese besser einprägen, sprechen Sie die fünf Sätze anfangs laut mit. Das laute Mitsprechen während der Bewegungsabläufe gibt Ihnen die Rückmeldung: Wenn Bewegung und Sprache übereinstimmen, dann sind Gedanken, Worte und Bewußtsein eins. Wenn Sie laut mitsprechen, fördern Sie gleichzeitig Ihre Atmung, den Fluß der Bewegungen und die Durchblutung des ganzen Körpers. Sie können die Übung auch mit einem Partner machen und sich dann gegenseitig mitteilen, ob Worte und Bewegungen übereinstimmen.

Am Anfang ist es sinnvoll, die Übungen wie ein Gymnastikprogramm fest einzuplanen. Wenn Sie die Sätze und die dazugehörenden Bewegungen ganz automatisch miteinander verbinden können, genügt es meist, nur zwischendurch an einen Satz zu denken, und schon reagieren Ihr Körper und Ihr Geist, ohne daß Sie die Bewegungen sichtbar durchführen. Deshalb eignet sich die Fünf-Satz-Formel besonders gut als Sicherheitsanker (siehe Seite 152) in jeder beliebigen Situation – immer dann, wenn Sie das Gefühl haben, Energie, Selbstbewußtsein und Ausstrahlungskraft tanken zu wollen. Sie kann so zu Ihrer ganz persönlichen Erfolgsformel werden.

Erster Satz: »Ich fühle mich wohl«

TIP

Sprechen Sie hin und wieder bewußt mit »dunkler« Stimme. Ihre Atmung wird dadurch ruhiger und ist nicht mehr so flach wie vorher. Wechseln Sie auch immer wieder in Dynamik, Lautstärke und Tonhöhe Ihrer Stimme – denn auch das ist nonverbale Kommunikation –, dann geraten Sie seltener in Atemnot und fühlen sich beim Sprechen wohl!

❶ Stellen Sie sich bequem und breitbeinig hin, mit gutem Kontakt zum Boden. Die Muskeln sollten sich in einem Zustand »aufmerksamer Gelöstheit« befinden. Das bedeutet: nicht gestreckt steif, auch nicht schlaff, sondern leicht angespannt, so als würden Sie jeden Moment anfangen, sich zu bewegen. Atmen Sie ruhig und gleichmäßig.

❷ Sagen Sie laut den ersten Satz, und wiederholen Sie ihn, während Sie sich bewegen. Räkeln Sie sich sanft, besonders im Schulter-Hals-Bereich, so als bekämen Sie eine sanfte Schultermassage, bei der Sie ganz »in die eigene Haut schlüpfen«. Oder stellen Sie sich dabei vor, jemand legt Ihnen einen wunderbaren, weichen Schal um die Schultern.
Achten Sie auf Ihre Stimme. Wie klingt sie? Wohlig, tief tönend, zufrieden? Versuchen Sie, in Gedanken festzustellen, ob Ihr Gesichtsausdruck, Ihre Bewegungen und Ihre Gefühle zu den Worten passen.

Zweiter Satz: »Ich öffne mich weit«

❸ Sprechen Sie den zweiten Satz. Dabei kreuzen Sie die Arme vor dem Körper in Schulterhöhe. Führen Sie die Hände über die obersten Rippen mit sanftem Fingerdruck zur ursprünglichen Seite zurück: Die rechte Hand wandert zur rechten Schulter, die linke zur linken Schulter. Durch die Kreuzbewegung werden beide Gehirnhälften in Verbindung gebracht und Ihre Gedanken belebt. Der sanfte Fingerdruck bewirkt eine Lymphmassage und regt die Schilddrüse an.

❹ Von den Schultern aus öffnen Sie die Arme weit nach außen. Jetzt atmen Sie einige Male tief in den Bauch ein und aus. Wenn Sie nach der Kreuzbewegung die Arme öffnen und fest und breitbeinig auf dem Boden stehen, drückt sich der Gedanke »Ich öffne mich weit!« in Ihrer ganzen Körpersprache aus. So wirkt sie nachhaltig auf Ihre seelische und geistige Haltung ein.

»Der Mensch ist eine Einheit, sein Denken, sein Fühlen und seine Lebenspraxis sind untrennbar miteinander verbunden. Er kann in seinem Denken nicht frei sein, wenn er nicht auch emotional frei ist; …«
Erich Fromm, 1900-1980, deutscher Philosoph und Psychoanalytiker

Dritter Satz: »Ich atme tief durch«

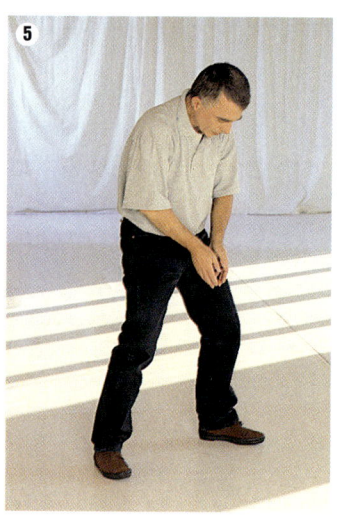

5

6

TIP

Achten Sie auch im Alltag immer wieder bewußt auf Ihren Atem. Spüren Sie, wie flach und kurz Sie normalerweise atmen? Atmen Sie dann tief in den Bauch hinein und gähnen und räkeln Sie sich. Das versorgt Gehirn und Muskeln mit Sauerstoff und gibt neue Energie.

5 Atmen Sie tief ein. Sprechen Sie den dritten Satz, und atmen Sie aus, senken Sie dabei die Arme, und beugen Sie den Rücken langsam Wirbel für Wirbel nach vorne, bis die Arme unterhalb des Beckens zwischen den Knien wie ein Pendel hängen.
Wiederholen Sie im Rhythmus Ihres Atems während der Bewegungsabfolge des dritten Satzes die Formel »Ich atme tief durch«. Ziehen Sie die Luft tief in den Bauch ein, und atmen Sie langsam wieder aus,ohne den Atemfluß zu blockieren.

6 Atmen Sie wieder langsam ein, und »heben« Sie die Luft wie einen Luftballon auf. Richten Sie sich langsam wieder auf, und bauen Sie mit der Aufwärtsbewegung eine imaginäre Luftsäule von der Körpermitte bis zu Ihrem Hals auf. Dabei berühren Sie mit den in Ihrer Vorstellung »luftgefüllten« Händen Ihr Becken, Ihren Bauch, Ihre Brust und schließlich Ihren Hals sanft.

Dritter Satz: »Ich atme tief durch«

❼ Streichen Sie dann mit den beiden Handrücken (wichtig: nicht mit den Handflächen, ansonsten könnten Sie Verspannungen und Rückenschmerzen bekommen!) rechts und links am Kinn entlang langsam über die Wangen nach oben zu den Schläfen. Gehen Sie mit den Händen weiter nach oben über den Haaransatz zur Spitze Ihres Kopfes, und öffnen Sie dabei ganz allmählich Ihre Arme.

❽ Verfolgen Sie mit dem Blick, wie Sie die Arme über dem Kopf öffnen und den »Luftballon« entschweben lassen. Dabei wieder ausatmen.
Sie werden spüren, wie Körpergefühl und Sprache übereinstimmen, wenn Sie wirklich durch den ganzen Körper atmen und vom Beckenboden bis über die Kopfmitte hinaus einen weiten Atemraum erschließen — einem Baum ähnlich, von den Wurzeln durch den Stamm in die weit ausladende Blätterkrone. Dadurch verstärken Sie Ihre innere Sicherheit und Ihre nach außen wirkende Kraft.

Wenn Sie diese Übung täglich morgens und abends wiederholen, werden Sie spüren, daß Sie sich tatsächlich immer öfter richtig wohl fühlen, allein durch das Räkeln und die Wohlfühl-Gedanken.

Vierter Satz: »Ich berühre mich gerne«

❾ Sprechen Sie jetzt den vierten Satz, und legen Sie die Handflächen sanft auf Ihren Hinterkopf. Streichen Sie zart darüber und hinunter bis zum Nacken. Führen Sie dann die Hände mit sanftem Druck über die Halsmuskulatur nach vorne zum Brustkorb, und streifen Sie sie über dem Bauch ab.

❿ Führen Sie die Handrücken (nicht die Handflächen) vom Bauchnabel nach hinten zur Lendenwirbelsäule. Entspannen Sie den Oberkörper, indem Sie ihn leicht nach vorne beugen, und lassen Sie das Becken nach vorne sinken, indem Sie die Knie ebenfalls etwas beugen (»Kutscherhaltung«). Führen Sie die Handrücken sanft über das Gesäß weiter, und nehmen Sie bewußt Kontakt zu den Oberschenkeln, Kniekehlen, Waden, Fesseln und Füßen auf. Lassen Sie die Hände bis zum Becken an den Beinen entlang wieder nach oben gleiten, und richten Sie sich dabei auf.

Fünfter Satz: »Ich bin ganz da«

11

11 Öffnen Sie die Handflächen leicht nach vorne. Sprechen Sie den fünften Satz mit ruhiger Stimme und blicken Sie dabei geradeaus. Halten Sie die Arme leicht gebeugt und in Höhe der Körpermitte.

Wenn Sie die Handflächen nach vorne gedreht haben, Ihre Haltung aufrecht und entspannt ist, der Blick offen und geradeaus gerichtet, dann stellt sich auch das Gefühl ein, das mit dieser Formel verbunden ist: eine entspannte Wachsamkeit. Im Umgang mit anderen verhilft Ihnen diese Verbindung von Entspanntsein und Aufmerksamkeit zu einem guten Kontakt.

Wenn Sie körperlich und geistig »ganz da« sind, mit allen Sinnen anwesend, können Sie Aufgaben konzentrierter bewältigen und auch andere mit in Ihren Bann ziehen. Man wird Ihnen gerne zuhören und Ihnen ebenso gerne etwas mitteilen, denn Sie vermitteln über Ihre Körpersprache: »Du bist mir wichtig, die Sache ist mir wichtig. Ich habe einen guten Kontakt zu mir selbst und zu dir.«

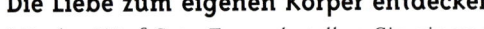

Die Liebe zum eigenen Körper entdecken

Mit der Fünf-Satz-Formel stellen Sie einen innigen Kontakt zu sich selbst her. Indem Sie den Kopf-Hals-Brust-Bereich berühren, regen Sie die Durchblutung und das Lymphsystem an. Durch die Bewegung mit den Handrücken an der Lendenwirbelsäule wird die Stelle des Rückens, die am meisten belastet ist, erwärmt und entspannt. Durch die bewußte Berührung der Gliedmaßen nehmen Sie Ihren ganzen Körper liebevoll wahr – auch die Körperregionen, die in Ihrem Bewußtsein meistens gar nicht vorhanden sind oder die Sie zumindest stark vernachlässigt haben. Je nachdem, wie und wie lange Sie sich berühren, können Sie feststellen, ob Sie das wirklich gerne tun oder ob es Körperregionen gibt, bei denen Ihnen dies schwerfällt. So erfahren Sie, ob Sie Ihren Körper ganz annehmen. Wenn Sie in der nächsten Zeit diese Berührungsübung machen, dann wenden Sie sich besonders den Körperstellen zu, die Sie weniger mögen, bei denen Sie sich unwohl und unzufrieden fühlen. Sie werden sehen: Je liebevoller Sie mit ihnen umgehen, um so eher werden Sie aufhören, sie als Mängel zu betrachten. Sie werden sie akzeptieren können als einen einzigartigen Teil Ihrer selbst. Dieses neue, positive Verhältnis, das Sie zu sich und Ihrem Körper herstellen, strahlen Sie dann nach außen. Wenn Sie sich selbst ganzheitlich annehmen können, werden auch andere Sie respektieren als die Persönlichkeit, die Sie sind.

Befreien Sie sich von fremden Schönheits- und Leistungszwängen. Entdecken Sie Ihren Körper neu als einzigartigen Ausdruck Ihrer Persönlichkeit. Gewöhnen Sie sich daran, liebevoll mit Ihrem Körper umzugehen, sich auch im Alltag immer wieder etwas Gutes zu tun. Wer sich selbst wohlgesonnen ist, wird auch positiv auf andere zugehen können.

Ziele erkennen und erfolgreich verwirklichen

Das NLP gibt Ihnen eine Reihe von Methoden an die Hand, mit deren Hilfe Sie Ihre Körpersprache verbessern können. Wenn Sie eine sensible und selbstbewußte Körpersprache entwickeln wollen, dann achten Sie auch darauf, daß Sie sich seelisch und geistig entfalten.

Ziele benennen und bewußt umsetzen

Sie möchten selbstsicherer durchs Leben gehen und haben über Ihren Körper gelernt, selbstbewußt aufzutreten. Dieses Auftreten kann jedoch nur echt und erfolgreich wirken, wenn Sie sich auch innerlich klar geworden sind, wo Ihre Stärken und Energien liegen und wie Sie sie einsetzen können. Sonst bleibt Ihre Körpersprache nur eine Pose. Körpersprache kann sich nicht ohne innere Weiterentwicklung entfalten. Sie spiegelt Ihre innere Verfassung wider. Wenn Sie zum Beispiel den Wunsch haben, offener auf andere zuzugehen, aber innerlich immer noch mißtrauisch und abwehrend sind, dann wirkt auch Ihre Körpersprache nicht überzeugend: Sie stehen jetzt vielleicht immer auf, wenn jemand in Ihr Büro kommt, kommen hinter dem Schreibtisch hervor und gehen auf ihn zu, aber Ihre Bewegungen sind dabei zu hastig, zu ruckartig. Es gelingt besser, von innen heraus mehr Ausstrahlung zu gewinnen, wenn Sie sich ganz konkrete Ziele vornehmen und diese zunächst gedanklich in die Tat umsetzen – so festigen Sie Ihre innere Haltung. Diese neue Einstellung ist dann nicht nur Teil Ihres Körpers, sondern Teil Ihrer ganzen Persönlichkeit.

Fokussieren heißt: das Ziel unter die Lupe nehmen

Nehmen Sie sich etwas Zeit, in der Sie in Ruhe über Blockaden und Schwierigkeiten im Kontakt mit anderen nachdenken und darüber, was Sie verändern möchten. Entspannen Sie sich, konzentrieren Sie sich ganz auf sich, und versuchen Sie, Ihre Gefühle wahrzunehmen. Sie können dabei im Zim-

All Ihre Ziele lassen sich leichter verwirklichen, wenn Sie gelernt haben, sich und andere besser wahrzunehmen. Wenn Sie Ihre Körpersprache kennen und entfalten und auf die Signale anderer einfühlsam und sensibel reagieren, haben Sie wesentliche Hindernisse schon überwunden. Denn wer einen guten Kontakt zu sich und zu anderen hat, kann erfolgreicher Probleme lösen und seinen Alltag kreativ gestalten.

mer auf- und abgehen oder es sich in einem Sessel gemütlich machen. Benennen Sie dann ein ganz konkretes Ziel, zum Beispiel: »Ich möchte Streßsituationen besser in den Griff bekommen und mich ruhiger und sicherer bewegen« oder: »Ich möchte kontaktfreudiger werden und besser auf andere zugehen können«. Entspannen Sie sich erneut, und achten Sie darauf, ob und wie sich Ihre Gefühle verändern.

Test: Ein Ziel im Auge behalten

Eine weitere Hilfe, Ihr Ziel nicht aus den Augen zu verlieren, ist ein »Geheimdossier«: Notieren Sie maximal drei Glaubenssätze, zum Beispiel: anderen offen ins Gesicht sehen, tief durchatmen, nicht hinterm Schreibtisch sitzen bleiben oder ähnliches, auf einen kleinen Zettel, den Sie immer bei sich tragen und täglich mindestens einmal ansehen.

Während Sie sich gedanklich mit einem bestimmten Ziel auseinandersetzen, bemerken Sie vielleicht, wie Ihre Gedanken und Bewegungen hin- und herwandern. Sie können das Ziel nicht genau fassen, fühlen sich verunsichert oder überfordert. Versuchen Sie jetzt mit einem einfachen Konzentrationstest, körperlich zu spüren, wie Sie ein Ziel auch im Auge behalten und es immer deutlicher erkennen können, je mehr Sie sich darauf zubewegen. Das gilt für einen beliebigen Gegenstand, den Sie anvisieren, ebenso wie für ein konkretes Ziel.

● Fixieren Sie einen bestimmten Punkt im Raum, verweilen Sie mit Ihrem Blick einige Atemzüge lang an diesem Punkt, und nehmen Sie Details wahr. Dann lösen Sie Ihre Konzentration, und schweifen Sie mit dem Blick ab.

● Wiederholen Sie die Übung. Konzentrieren Sie sich auf den Punkt, und zeigen Sie jetzt zusätzlich darauf. Nehmen Sie neue Details und Gefühle wahr.

● Wiederholen Sie nochmals die Übung: Sie sehen den Punkt an, zeigen darauf, und jetzt gehen Sie außerdem auf diesen Punkt zu. Nehmen Sie wahr, wie die Details deutlicher werden, wenn Sie sich darauf zubewegen.

Planen und Verwirklichen

Entspannen Sie sich nach dieser Konzentrationsübung wieder, indem Sie bewußt tief ein- und ausatmen.

Nehmen Sie Papier und Stift zur Hand, und notieren Sie sich jetzt ganz konkret Ihr Ziel (zum Beispiel: »Ich will kontaktfreudiger werden!«) und wie Sie dieses Ziel erreichen wollen. Am besten bleiben Sie auch dabei in Bewegung. Versuchen Sie wie bei dem vorausgegangenen Test, das Ziel

genau ins Auge zu fassen, und bewegen Sie sich schritt-
weise darauf zu. Stellen Sie sich zunächst so wirklichkeits-
nah wie möglich vor, wie Sie anderen kontaktfreudiger
begegnen. Nehmen Sie Ihre Gefühle dabei wahr, und beobachten Sie auch, wie sich Ihre Haltung verändert.

Dann überlegen Sie sich, wer Ihnen helfen könnte. Vielleicht
können Sie mit einer vertrauten Person bestimmte Szenen
durchspielen (»Auf jemanden zugehen, ihn begrüßen, ein
Gespräch beginnen«), oder Sie entdecken einen Kurs in der
Volkshochschule oder einer anderen Erwachsenenbildungs-
stätte. Überlegen Sie sich, wie und wo Sie mehr Kontakt zu
anderen Menschen finden können. Verändert sich Ihre Haltung schon bei der Planung der weiteren Schritte?

Wenn Sie spüren, daß Sie mutlos und unsicher werden, in
sich zusammensinken, die Hände vor Ihre Brust und Ihren
Mund und die Stirn in Falten legen, dann gehen Sie mit ver-
änderter Haltung – gerader Rücken, offene Arm- und Handhaltung, entspanntes Gesicht – den entsprechenden Gedanken (zum Beispiel Gesprächskreis besuchen) noch einmal
mit all Ihrer Konzentration durch.

Wenn Sie feststellen, daß Ihre neuen Gedanken, Gefühle
und Ihre Körpersprache ganzheitlich übereinstimmen, dann
haben Sie Ihr Ziel schon ein Stück weit verinnerlicht. Halten
Sie Ihr positives Gefühl fest, und verankern Sie es körperlich.

**Sie können Ihre Ziele viel
besser verwirklichen, wenn
sie sinnlich erlebbar sind.
Je plastischer Sie sich in
unterschiedliche Situationen
hineinversetzen und sie auch
körperlich bewußt erleben,
desto sicherer werden Sie im
konkreten Fall auftreten.**

Vom Gefühl zur lebendigen Körpersprache

»Verankern« Sie positive Gefühle und Verhaltensweisen so,
daß Sie damit nach Bedarf Ihre innere und äußere Haltung
lenken können. Zusammen mit der natürlichen Körpersprache werden Sie Ihren Alltag und das Zusammenleben mit
anderen mit mehr Selbstbewußtsein, größerer Offenheit,
mit mehr Energie und Einfühlungsvermögen gestalten.

Positive Gefühle ankern

Legen Sie in dem Moment, wenn Sie sich Ihr Ziel (»Kontakt-
freudigkeit«) lebhaft vorstellen und dabei innerlich und
äußerlich alles übereinstimmt, Ihre Hände sanft ineinander,
oder berühren Sie Ihren Körper dort, wo Sie diesen Glücks-
moment am meisten spüren. Am besten wählen Sie eine
ganz unauffällige Körperstelle (Unterarm, Handgelenk, Ohr-

läppchen oder andere) oder eine Geste, die Sie mit diesem Erfolgsgefühl verbinden. Ihr Körpergedächtnis speichert diese Berührung ab. Immer, wenn Sie in diesen positiven Zustand kommen möchten, dann drücken oder berühren Sie die Körperstelle oder machen die entsprechende Geste. Sie können auch ein bestimmtes Wort (zum Beispiel »ah«, »toll«, »wunderbar«) mit dem positiven Zustand verbinden oder ein Bild oder Symbol, das Sie sich jedesmal vorstellen.

Selbst-Anker aufbauen

Ihr neugewonnenes Selbstvertrauen wird sich erst allmählich festigen. Damit Ihre alten Blockaden, die negativen Erfahrungen und die Hindernisse und Belastungen des Alltags Sie nicht immer wieder erschüttern und zurückwerfen, vertiefen Sie Ihren Selbst-Anker, damit Sie ihn jederzeit abrufen können.

Bei allzu häufigem Gebrauch Ihres Selbst-Ankers nützt er sich ab — dann sollte ein neuer Anker gesucht werden.

● Setzen Sie sich ruhig und entspannt hin, und denken Sie an die schönsten und erfolgreichsten Momente in Ihrem Leben. Durchleben Sie innerlich die ein oder andere Situation noch einmal ganz deutlich mit all Ihren Sinnen. Betätigen Sie jetzt Ihren Selbst-Anker. Atmen Sie tief durch, sagen Sie »Ihr« Wort, oder berühren Sie eine bestimmte Stelle, eine Kette oder einen Ring, um die Situation festzuhalten.
● Unterbrechen Sie nun die Übung, stehen Sie auf, und bewegen Sie sich. Dann setzen Sie sich wieder hin, schließen die Augen, konzentrieren sich, berühren die Stelle oder sagen das Wort und prüfen, ob sich das gute Gefühl bei Ihnen meldet. Wiederholen Sie diese Übung so lange, bis sich die positive Stimmung unmittelbar mit dem Selbst-Anker einstellt.

Die Anker im Alltag einsetzen

Auf diese Weise können Sie sich unterschiedliche Anker schaffen, die Sie im Alltag in schwierigen Situationen immer wieder einsetzen. Einen Anker verbinden Sie mit Selbstbewußtsein, einen anderen mit Offenheit, einen mit Geduld oder Gelassenheit. Wenn Sie das nächste Mal zum Beispiel jemandem ein wichtiges Projekt vorstellen wollen, dann suchen Sie einen guten Bodenkontakt, lassen mit ein paar Atemübungen (Seite 133) Ihre Energien fließen. Verstärken

Sie Ihre positive Ausstrahlung noch durch einen entsprechenden Anker, mit dem Sie ein erfolgreiches Gefühl verbinden. In einer anderen Situation, zum Beispiel bei einer Unterhaltung mit einem Menschen, der Ihnen wichtig ist, werden Sie spüren, wie Sie lernen, entspannt und einfühlsam auf ihn einzugehen und gleichzeitig mit Hilfe des Ankers auch ganz bei sich zu bleiben.

Vertrauen zu sich selbst

Legen Sie sich eine Musik auf, die Sie gerne hören, und nehmen Sie Bleistift und Papier zur Hand. Schreiben Sie: »Ich bin eine Persönlichkeit, weil ich mir vertraue!«

● Unter diesem Satz notieren Sie zehn Wörter, weshalb Sie sich vertrauen: »Weil ich meinen Körper mag«, »Weil ich Ehrlichkeit ausstrahle« oder ähnliches.

● Ersetzen Sie alle negativen Formulierungen durch positive – also nicht: »Weil ich niemandem etwas vormache« sondern »Weil ich mich so gebe, wie ich bin«.

● Unterstreichen Sie jetzt die drei wichtigsten Eigenschaften und prägen sich diese wie eine Meditations-Formel ein. Diese Formel hilft Ihnen, wenn Sie sich unsicher fühlen und an sich selbst zweifeln.

Anfangs werden Sie die positiven Gefühle durch Ankern oder das kurze Wiederholen Ihrer »Formel« noch bewußt hervorholen müssen. Im Laufe der Zeit wird die positive Einstellung zu einem Teil Ihrer selbst werden. Sie werden sich selbstbewußt und entspannt bewegen, sich und den anderen zugewandt – und so können Sie Probleme lösen, schwierige Situationen bewältigen und Ihre Ziele in einer Art verwirklichen, die auch auf Ihre Mitmenschen positiv zurückwirkt.

Bevor Sie wieder an sich zu zweifeln beginnen: Nehmen Sie eine positive, offene Haltung ein, spüren Sie, wie Sie fest und sicher stehen, atmen Sie ruhig, und lösen Sie Ihren Selbst-Anker aus.

Bücher und Medien, die weiterhelfen

CD zum Buch »Mehr Ausstrahlung durch Körpersprache«
zu beziehen bei: Rebeltanz,
Am Hohen Ufer 12,
48167 Münster

Goleman, Daniel,
Emotionale Intelligenz;
Hanser Verlag, München

Heinze, Roderich,
Vohmann-Heinze, Sabine,
NLP. Mehr Erfolg, Gesundheit,
Lebensfreude;
Gräfe und Unzer Verlag,
München

Lesch, Matthias,
Förder, Gabriele,
Kinesiologie;
Gräfe und Unzer Verlag,
München

Morris, Desmond,
Körpersignale;
Heyne Verlag, München

Oberlack, Helmut, Tai Ji Quan.
Harmonie für Körper, Geist
und Seele;
Gräfe und Unzer Verlag,
München

Rebel, David,
CD »Let´s Dance«;
zu beziehen bei: Rebeltanz,
Am Hohen Ufer 12,
48167 Münster

Rebel, Günther,
Was wir ohne Worte sagen;
mvg-Verlag, München

Rebel, Günther,
Weiß, Josef,
Mit Körpersprache und NLP zum
Erfolg; Videokassette
mvg-Verlag, München

Rebel, Günther,
Jazz Dance für Anfänger;
ECON-Verlag, Düsseldorf

Satir, Virginia,
Sei direkt;
Junfermann-Verlag,
Paderborn

Waesse, Harry,
Yoga für Anfänger;
Gräfe und Unzer Verlag,
München

Weisbach, Christian,
Dachs, Ursula,
Emotionale Intelligenz;
Gräfe und Unzer Verlag,
München

Weiß, Josef,
Selbstcoaching;
Junfermann-Verlag,
Paderborn

Werner, Günther T.,
Nelles, Michaele,
Rückenschule;
Gräfe und Unzer Verlag,
München

Adressen, die weiter-helfen

A.P.U. Akademie für Personal-
und Unternehmensentwicklung
Eisenbahnstraße 34
82110 Germering

Rebeltanz
Berliner Platz 23
48143 Münster

Team Dr. Rosenkranz
Bahnhofstraße 92
82166 Gräfelfing

Sachregister

GESUNDHEIT

Der neue große Familien-Ratgeber

Gesund werden und gesund bleiben mit dem neuen umfassenden Standardwerk über Gesundheit und Krankheit für die ganze Familie

■ **Ganzheitlich:** Rat und Hilfe aus Schulmedizin und Naturheilkunde

■ **Vorbeugung und Selbsthilfe:** Hausmittel, sanfte Heilmethoden, praktische Übungsprogramme

■ **Beschwerdentabelle:** Symptome erkennen – richtig handeln

■ **Krankheiten:** Ursachen, Symptome, ärztliche Behandlung

■ **Erste Hilfe in Notfällen**

816 Seiten, mit ca. 550 Farbfotos und Zeichnungen.
ISBN 3-7742-3089-7

Impressum

© 1997 Gräfe und Unzer Verlag GmbH, München
Alle Rechte vorbehalten. Nachdruck, auch auszugsweise, sowie Verbreitung durch Film, Funk und Fernsehen, durch fotomechanische Wiedergabe, Tonträger und Datenverarbeitungssysteme jeder Art nur mit schriftlicher Genehmigung des Verlages.

Redaktion
Friedrich Bohlmann
Lektorat
Andrea Koppenleitner
Gesamtgestaltung und Satz
Vision Creativ, München
Herstellung
Gabriele Ismaier
Repro
PHG Litho, Planegg
Druck und Bindung
Kaufmann, Lahr

Fotos und Illustrationen
Mike Masoni
weitere Fotos und Illustrationen
Andresen: S. 3, 27
Bavaria: hintere Außenklappe Mitte (Masterfile), S. 2 (TCL), 47 (Stock directory; Ryan), 67 (Masterfile), 73 (Stock directory; Mo), 127 (Stock directory; Ryan), Gruner+Jahr Fotoservice (Wartenberg): 3, 17
Image Bank: S. 85 (de Lossy), 125 (Lockyer)
Mauritius: S. hintere Außenklappe oben (Hubatka), S. 9, 23 (Superstock), 37 (Grasser), Christophe Schneider: S. 139
Christof Stieger: Umschlagfotos vorne und hinten

Tony Stone: S. 2, (Arnesen), 48 (Correz), 76 (Steward)
Reinhard Wendlinger: S. 14, 29, 44, 83, 106, 107
ZEFA: S. 80 (Williams), 100 (Benser), 131 (Norman)

Wir danken
der Firma Hallhuber für Leihgaben zur Ausstattung der Models.

Umwelthinweis
Dieses Buch wurde auf chlorfrei gebleichtem Papier gedruckt. Um Rohstoffe zu sparen, haben wir auf Folienverpackung verzichtet.

ISBN 3-7742-3578-3

Auflage	7.	6.	5.	4.
Jahr	2004	03	02	01